Carolin Mülverstedt
Abenteuer Bangkok

Carolin Mülverstedt

Abenteuer Bangkok

Leben im Urlaubsparadies

Bibliografische Information der Deutschen Nationalbibliothek:
Die Deutsche Nationalbibliothek verzeichnet diese Pub-
likation in der Deutschen Nationalbibliografie. Detail-
lierte bibliografische Daten sind im Internet über
http://dnb.d-nb.de abrufbar.

Impressum

© 2020 Carolin Mülverstedt
Erstauflage
Umschlaggestaltung, Satz, Layout: Carolin Mülverstedt
Herstellung und Verlag: BoD – Books on Demand,
Norderstedt
ISBN 978-3-7504-4111-8

Where do you go? 7

Mit Dirndl und Lederhosen 26

Ein Besuch im Isan 46

Weihnachten mit Schneewittchen 65

Karaoke und kühle Nebelschwaden 93

Schmerz, lass nach! 107

You are okay? 129

Sommerurlaub in der Stadt 148

Psychologen und Akupunktur 165

Dinner bei der Prinzessin 182

Von Schlangen und Schweinen 199

Verliebt in Bangkok 222

Where do you go?

DIE STICKIGE, SCHWÜLE LUFT nimmt mir fast den Atem, als ich aus dem vollklimatisierten Flughafengebäude ins Freie trete. Vom langen Flug übermüdet, steuere ich meinen Gepäckwagen auf den Taxistand zu und reihe mich in die Schlange der Wartenden ein. Aus meinem Rucksack nestle ich die Reservierungsbestätigung für das Hotel und halte sie der jungen Frau am Schalter hin, als ich dran bin.

"A Taxi to Sukhumvit, please. Omni Tower Hotel."

Sie überträgt die Adresse auf einen kleinen Zettel und winkt mich durch, am Bordstein wartet schon das nächste freie Taxi, das mich aufnimmt. Mein großer Koffer passt nicht in den Kofferraum, der von einem riesigen Gastank fast komplett ausgefüllt wird, also verfrachtet der Taxifahrer ihn umständlich vor den Beifahrersitz, links neben dem Fahrersitz. In Thailand herrscht Linksverkehr, nach englischem Vorbild. Ich steige hinten ein, meinen Rucksack hieve ich neben mich auf die Rückbank. Das Taxi ist uralt, der Rücksitz ist durchgesessen, den Autohimmel zieren buddhistische Segenssprüche.

"Where do you go?" fragt der Fahrer.

"To Sukhumvit soi four, please."

"You want to go express way? Need to pay express way toll." erklärt er mir unfreundlich.

Der Weg durch die Stadt dauert sicher länger und ich bin müde, daher bin ich gern bereit, die Autobahnmaut zu bezahlen.

"Yes, please."

Der Fahrer startet das Taxameter und biegt aus dem Flughafengelände in Richtung Autobahnzufahrt ein. Jetzt bin ich also in Bangkok angekommen, hier werde ich jetzt leben. Und arbeiten. Noch denke ich, dass ich jeden Moment aus einem Traum erwachen könnte. In den Rücksitz versunken nähere ich mich dem Häusermeer der ‚Stadt der Engel', wie Bangkok auf Thai genannt wird.

Fünfzehn Jahre sind seit meinem letzten Besuch vergangen. Damals lebte ich in einer ganz anderen Welt, war verheiratet und auf einer Pauschal-Rundreise durch Nordthailand mit anschließendem Badeaufenthalt, zwei Tage in Bangkok machten den Auftakt. Schon bei diesem ersten Besuch verspürte ich den starken Wunsch, länger zu bleiben und das Land nicht nur als Touristin zu erleben. Dass ich einmal die Gelegenheit dazu haben würde, hätte ich allerdings nie für möglich gehalten, bis ich vor etwa vier Monaten die Zeitung aufschlug und mein Blick geradezu magisch von einer Stellenanzeige angezogen wurde. Es war eine Position in Bangkok und beim Lesen wurde mir sofort klar: das ist meine Stelle! Die Ausschreibung passte, als wäre sie mir auf den Leib geschneidert. Schon wenige Wochen später hatte ich, nach einem aufwändigen Auswahlverfahren mit Assessment Center und Interview durch eine große Expertenrunde, die Zusage.

Meine Ehe hatte ich vor einigen Jahren kinderlos hinter mir gelassen, ebenso wie eine allzu unverbindlich gebliebene Beziehung. Jetzt wollte ich es noch einmal wissen. Zu Studienzeiten hatte ich bereits zwei Jahre im Ausland gelebt, ein Jahr Sprachstudium an einer Hochschule in Shanghai und ein weiteres an der

Yale University in den USA, wo ich für meine Doktorarbeit forschte und Deutsch unterrichtete. Dank meiner Auslands- und Unterrichtserfahrungen sowie meiner vielseitigen beruflichen Aktivitäten in den letzten Jahren war ich die passgenaue Besetzung für den Job in Bangkok, der neben einer Lehrtätigkeit an der ältesten Universität des Landes auch die Standortleitung für den Deutschen Akademischen Austauschdienst, kurz DAAD, umfasste. Nach über fünfzehn Jahren in Deutschland wollte ich wieder raus und griff die Gelegenheit beim Schopf. Noch einmal wollte ich mich selbst neu erfinden, ganz von vorne anfangen, mich einer neuen Stadt, einer neuen Kultur und vielen neuen Herausforderungen stellen. Also kündigte ich meine Stelle als Marketingleiterin und ließ mich auf das zeitlich befristete Abenteuer in Bangkok ein. Und hier war ich jetzt und fuhr in einem alten Taxi geradewegs in mein neues Leben hinein.

Als Startpunkt für meinen Neubeginn hatte ich mir ein großes Hotel im quirligen Stadtviertel Sukhumvit ausgesucht, das ich noch von meiner Thailandreise her kannte. Von hier aus wollte ich meine neue Heimat erobern. Für zwei Wochen hatte ich dank Langzeitrabatt, der ab zehn Tagen gewährt wurde, ein günstiges, aber geräumiges Zimmer mit gemütlicher Sofaecke und kleiner Kochnische gebucht. In dieser Zeit, so hoffte ich, würde ich mich einigermaßen eingerichtet haben. Als ich jetzt nach einer knappen Stunde Taxifahrt am späten Samstagnachmittag mein Hotelzimmer bezog, war ich recht zuversichtlich. Immerhin hatte ich mich von Deutschland aus so gut es ging vorbereitet und mit dem Hotel offensichtlich eine ganz passable Wahl getroffen. Zwar zeigte es deutliche Gebrauchsspuren, aber wie auf den Fotos im Internet war das Zimmer hell und sehr geräumig. Von der gemütlichen Sitzecke am Fenster hatte ich einen freien Ausblick auf die Straße.

Schon am nächsten Vormittag war der erste Termin mit einer Maklerin vereinbart, um Wohnungen zu besichtigen. Der Wohnungsmarkt in Bangkok präsentierte sich im Internet als recht entspannt. Von Deutschland aus hatte ich mir Webseiten verschiedener Makler in Bangkok angeschaut und eine Vorauswahl getroffen. In den nächsten Tagen würde ich mit vier unterschiedlichen Vermittlern durch die Stadt fahren und Wohnungen anschauen. Das Angebot war groß, selbst in zentraler Lage mit guter Verkehrsanbindung, was die beiden wichtigsten Kriterien für mich waren. Darüber hinaus wollte ich eine möglichst gute Infrastruktur mit Geschäften und Restaurants in unmittelbarer Nähe. Außerdem Ansprechpartner im Haus mit Englischkenntnissen, damit die Kommunikation bei Bedarf funktionierte.

Nach einer ersten Durchsicht der Angebote wurde klar, dass die meisten Mietwohnungen zumindest teilmöbliert, viele sogar voll ausgestattet angeboten werden, inklusive Waschmaschine, Geschirrspüler und westlicher Küche. Traditionell sind Küchen in Thailand im Freien direkt neben oder hinter dem Haus, aber im modernen Bangkok haben sich westliche Standards durchgesetzt. Sehr ansprechend fand ich auch Wohneinheiten mit gemeinschaftlich genutztem Swimmingpool und Fitnessraum. So traf ich bei jedem Makler eine Auswahl von drei, vier Wohnungen, die ich mir ansehen wollte.

Die erste Maklerin holt mich, wie per E-Mail vereinbart, um kurz nach neun Uhr im Hotel ab und wir fahren in ihrem Honda Jazz durch die Stadt. Die erste Wohnung liegt nahe der Hochbahnstation Ari, in nordwestlicher Richtung. Die Hochbahn, die in Bangkok nur Skytrain oder BTS für *Bangkok Mass Transit System* genannt wird, gibt es seit zwanzig Jahren. Die U-Bahn, kurz MRT für *Mass Rapid Transit*, kam 2004 dazu. Beide Verkehrsmittel entlasten den Stadtverkehr erheblich und machen die Fortbewegung zeitlich einigermaßen planbar. Allerdings ist das Streckennetz sehr überschaubar, die MRT hat nur eine Linie, die ringförmig die Stadt durchzieht.

Der Wohnblock liegt versteckt im Straßengewirr ganz am Ende einer langen, schmalen Gasse. Die BTS-Station Ari haben wir mit dem Auto vor etwa fünf Minuten passiert. Zu Fuß ist das eine beträchtliche Strecke, die ich morgens und abends zurücklegen müsste.

"The BTS is quite far away from here", wende ich mich an die Maklerin.

„Oh, don't worry. You can take a motorbike taxi from your home."

Am Anfang der engen Gasse, die keinen Gehweg hat, warteten tatsächlich ein paar Motorradfahrer träge im Schatten auf Kundschaft. Ich sehe mich schon morgens und abends im Rock mit schwerer Tasche hinten im Damensitz auf dem Motorrad durch den Verkehr balancieren. Die Gegend ist ein sehr ruhiges Wohnviertel, hohe Mauern säumen die Grundstücke, dahinter liegen abgeschieden gepflegte Gärten und flache Häuser, aber es gibt keine Geschäfte. Und so hake ich die erste Wohnung schon ab, bevor ich überhaupt einen Fuß hineingesetzt habe. Diese erweist sich kurz darauf als voll möblierte Zweizimmerwohnung im vierten Stock, sie ist nett eingerichtet, aber die Lage entspricht nicht meinen Vorstellungen.

Auch die nächsten beiden kommen nicht in Frage, obwohl eine davon verkehrsgünstig an der BTS-Station Thonglor mitten im Geschäftsviertel Sukhumvit mit unzähligen Einkaufsmöglichkeiten und Restaurants liegt. Es ist eine komplette Doppelhaushälfte mit riesigem Wohnzimmer und vier Schlafzimmern auf drei Ebenen und damit viel zu groß für mich. Problematisch ist auch, dass die Wohnung nicht möbliert ist. Die dritte und letzte Wohnung an diesem Tag ist dunkel und muffig. Attraktiv ist allerdings die Lage, ich könnte in zehn Minuten zu Fuß ins Büro gehen. Dorthin muss ich gleich am nächsten Tag, denn keine 48 Stunden nach meiner Ankunft beginnt am Montagmorgen mein erster Arbeitstag.

Das Büro heißt offiziell *DAAD Information Center* und liegt direkt neben dem Goethe Institut, das gut ausgeschildert ist. Von der MRT Station Sathorn folge ich der Beschilderung und biege von der Hauptstraße ab. Es herrscht viel Verkehr und besonders auf den letzten Metern muss ich aufpassen, denn es gibt keinen Gehweg und die Straße ist eng, immer wieder drängen mich Autos und Motorroller an die Häusermauern. Schließlich komme ich auf das Grundstück, das mit tropischen Pflanzen bewachsen und sehr gepflegt ist. Auf einer Säule lese ich den Hinweis DAAD, kurz darauf stehe ich im kühlen Raum des Büros, der durch bodenhohe Fensterfronten den Blick nach draußen ins Grüne freigibt. Der Raum ist durch Glaselemente zweigeteilt, im vorderen Bereich steht ein ausladender Schreibtisch, der von Papierbergen überquillt. Dahinter sitzt Ploy, der ich vorab per E-Mail meine Ankunft für heute angemeldet habe.

„Hallooo!", kommt sie grüßend hinter ihrem Schreibtisch hervor und streckt mir die Hand entgegen. „Ich bin Ploy. Herzlich willkommen!"

Ihre Hand ergreifend entgegne ich: „Freut mich sehr! Ich bin Carolin."

Von der thailändischen Gepflogenheit, sich mit Vornamen anzureden, hatte ich in den Berichten meiner Vorgänger gelesen. Im förmlichen Umgang setzt man noch ein geschlechtsneutrales *khun* vor den Namen, das die Anrede *Herr* oder *Frau* ersetzt.

„Sind Sie gut angekommen? Und haben Sie das Büro gut gefunden? Bitte, kommen Sie. Wir können uns dort an den Tisch setzen." Ploy zeigt in den hinteren Raum auf einen großen Tisch mit acht Stühlen.

„Möchten Sie etwas trinken? Kaffee, Tee oder ein Glas Wasser?"

In einer Ecke steht ein Kühlschrank, daneben ein niedriger Schrank mit Kaffeemaschine, Wasserkocher und Geschirr.

„Danke, ich nehme gern ein Glas Wasser."

Ploy kommt mit zwei gefüllten Gläsern an den Tisch, wir setzen uns. Mein Blick fällt geradeaus durch das Fenster auf den Außenbereich, dort erkenne ich ein langes Schwimmbecken mit markierten Bahnen.

„Wow, das ist ja toll! Arbeiten mit Blick auf einen Swimmingpool. Das ist sicher das coolste DAAD-Büro weltweit!"

Ploy lacht. „Ja, und Sie können ihn auch benutzen, wenn Sie möchten. Unser Büro war früher der Sportraum der Thai-deutschen Kulturstiftung, die oben im ersten Stock ihr Büro hat. Wir konnten den Raum vor ein paar Jahren mieten und haben das Büro eingerichtet. Vorher waren wir in einem sehr kleinen Zimmer nebenan im Goethe-Institut."

Davon hatte ich ebenfalls in den Berichten gelesen. Und auch, dass das Miteinander und die Arbeitsatmosphäre im Büro sehr ungezwungen ist.

„Ploy", sage ich daher, „wir kennen uns zwar noch nicht gut, aber wollen wir uns nicht duzen? Ich habe gehört, dass das hier üblich ist. Und für mich ist das völlig okay."

Ploy ist etwas älter als ich und hat in Deutschland studiert, den Job hier macht sie seit über zehn Jahren. Aus den Berichten weiß ich, dass sie den Laden gut im Griff hat. Eine vertrauensvolle Zusammenarbeit ist für mich eine wichtige Grundlage.

„Ja, sehr gerne!" erwidert sie spontan.

In der nächsten Stunde zeigt mir Ploy das Büro und meinen Arbeitsplatz, der direkt hinter der Glastrennwand im hinteren Büro liegt. Durch die Schiebetür, die meist offen steht, können wir unkompliziert miteinander kommunizieren. Auch mein Schreibtisch ist übervoll mit Papierbergen. Das sind noch die Hinterlassenschaften meines Vorgängers, der schon vor einigen Monaten gegangen ist. Von Ploy erfahre ich, dass die Nachbesetzung der Stelle nicht ganz einfach war, eine ausgewählte Kandidatin sagte kurzfristig dann doch noch ab, weshalb der Ausschreibungsprozess von vorne gestartet werden musste, was zu der langen Vakanz der Stelle führte.

„Hast du denn schon eine Wohnung?"

Ich schüttle den Kopf. „Nein, aber gleich nachher um vier Uhr holt mich eine Maklerin hier ab und ich schaue mir noch ein paar Wohnungen an. Die nächsten zwei Wochen wohne ich im Hotel, bis dahin habe ich hoffentlich etwas gefunden."

Ploy nickt. „Und die Uni fängt erst nächsten Monat an, da hast du noch etwas Zeit."

In diesem Moment kommen zwei junge Frauen herein. Es ist kurz nach zehn, die Beratungszeit hat begonnen und Ploy muss nach vorne an ihren Schreibtisch. Die Zeit bis zur Mittagspause nutze ich, um mich an meinem neuen Arbeitsplatz zurechtzufinden. Ploy hat schon ein E-Mail-Konto für mich eingerichtet, der Computer ist startklar und ich schreibe die ersten Ankunftsnachrichten an die Zentrale in Bonn. In den nächsten Tagen werde wohl ich die Unterlagen auf meinem Schreibtisch sortieren müssen. Die erste Durchsicht offenbart, dass alles durcheinander liegt, Klausurvorlagen und Übungsblätter für den Unterricht, Dokumente aus Bonn und ausgedruckte E-Mails. Hier ist neben Fleißarbeit vor allem ein Organisationstalent mit Lust auf systematische Ablage gefragt, was nicht unbedingt zu meinen Lieblingsbeschäftigungen zählt.

Kurz nach zwölf hat Ploy die letzte Beratung abgeschlossen und kommt rüber an meinen Schreibtisch.

„Wollen wir essen gehen?"

Auch mir knurrt schon der Magen. Draußen im Hof ist eine kleine Kantine, die einfache thailändische Gerichte anbietet. Direkt gegenüber, nur wenige Schritte von unserem Büro entfernt, ist außerdem das Restaurant *Ratsstube*, wo man deftige deutsche Küche wie Schweinshaxe bekommen kann.

An der kleinen Theke in der Kantine stehen Behälter mit verschiedenen Gerichten, ich wähle gebratenes Gemüse, Pilzsalat und ein Spiegelei zum Reis. Ich frage Ploy nach den thailändischen Bezeichnungen und lerne, dass *khai dao* wörtlich übersetzt *Sternenei* bedeutet, was ich viel schöner finde als das deutsche Wort Spiegelei. Es wird, neben *nitnoi* für *ein bisschen*, zu einem meiner Lieblingswörter auf Thai.

Wir setzen uns an einen der großen Tische im Freien, gegessen wird mit Löffel und Gabel, wobei die Gabel links gehalten wird. Um uns herum sind viele Sprachschüler des Goethe Instituts versammelt. Es sind überwiegend Frauen, die hier ihren obligatorischen Sprachkurs für ein ‚Visum zum Ehegattennachzug' absolvieren. Ohne den Nachweis von Grundkenntnissen in Deutsch wird kein Visum für die Einreise nach Deutschland erteilt, für das Sprachinstitut sind diese Schülerinnen eine wichtige Zielgruppe.

Am späten Nachmittag sehe ich mir noch ein paar Wohnungen an, aber es ist wieder nichts dabei, was in die engere Wahl kommt. Entweder sind mir die teuren Appartements zu luxuriös und unpersönlich, oder es sind total abgewohnte oder dunkle Wohnlöcher. Nachdem mich die Maklerin um halb sieben in meinem Hotel abgesetzt hat, laufe ich noch ein Stück bis zum Ende der Straße. Hier beginnt das weitläufige Gelände der Tabakfabrik, das sich bis hinunter zur Rama 4 zieht, einer der großen Hauptverkehrsadern Bangkoks. In diesem ruhigen Teil der Straße gibt es große Anwesen mit imposanten Zufahrten, aber auch ein paar Hochhäuser. An einer Einfahrt hängt ein Schild *Apartment for rent*. Auf dem Gelände stehen zwei mehrgeschossige Gebäude, graubraun und unscheinbar, bei dem höheren zähle ich 14 Stockwerke. Nur ein schmaler, mit niedrigen Häusern bebauter Streifen trennt das Grundstück von der Schnellstraße, die in südliche Richtung verläuft und die Stadtteile

Khlong Toey und Lumphini voneinander trennt. In den Wohnungen ist es sicher ziemlich laut, denke ich mir, aber anschauen kann ich mir das ja mal. Vom Hotel hierher ist es nur ein Stück die Straße runter, eine Besichtigung wäre also kein großer Aufwand.

Gleich nach dem Frühstück mache ich mich am nächsten Morgen erneut auf den Weg dorthin. Neben der Hofeinfahrt liegt das Wächterhäuschen, ein Pförtner sitzt schläfrig auf seinem Posten.

Sawasdee khaa. Is there an office?" frage ich ihn. Er nickt und deutet wortlos nach hinten auf das direkt angrenzende flache Gebäude, an dem ein zweisprachiges Türschild auf die Hausverwaltung hinweist. Öffnungszeit ist ab acht Uhr, das Büro ist bereits mit zwei Mitarbeiterinnen besetzt.

Sawasdee khaa", grüße ich und komme, typisch deutsch, gleich zur Sache. „I am looking for an apartment for rent. Do you have one available?"

Die beiden Damen grüßen freundlich zurück, die größere verlässt ihren Schreibtisch und kommt zu mir nach vorne.

„Yes, we have apartments available. Do you want to have a look?" antwortet sie in passablem Englisch. „Studio, two or three bedroom, what do you want?" kommt auch sie gleich auf den Punkt.

Mit ihrer direkten Art ist sie mir auf Anhieb sympathisch. Auf ihrem Namensschild lese ich *Duang*. Eine Wohnung mit drei Schlafzimmern ist mir allerdings zu groß und ein Studio bietet nicht mehr Platz als mein Hotelzimmer.

„I would be interested in a two bedroom apartment. Are they furnished?"

Sie holt einen großen Schlüsselbund aus einer Schublade. „You can choose. We have furniture, if you want."

Das klingt gut. Ich bin gespannt auf die Wohnung. Gemeinsam gehen wir über den Hof, vorbei an einem kleinen Swimmingpool, auf den Eingang des höheren Gebäudes zu. Die Anlage ist schon in die Jahre gekommen, aber sauber und gepflegt, sie macht einen besseren Eindruck, als man von außen vermuten würde. Im Eingangsbereich steuern wir auf den Fahrstuhl zu, Duang drückt den Knopf für die 14, die vorletzte Etage, die 13 fehlt allerdings. Aberglaube ist weit verbreitet in Thailand, wie ich noch erfahren werde, kaum ein Hochhaus weist einen 13. Stock aus. Der Aufzug fährt bedächtig nach oben und öffnet sich, vier Wohnungen liegen auf dem Flur. Meine Begleiterin wendet sich nach rechts und öffnet die Wohnungstür. Der schmale Flur geht direkt in ein großes, rechteckiges Wohnzimmer über, das geschätzt an die vierzig Quadratmeter groß ist. Zwei Türen führen an der Längsseite in die hinteren Zimmer, links geht ein Balkon über die gesamte Wohnungsbreite, die geräumige Küche schließt sich nach rechts mit einer Durchreiche in das Wohnzimmer an. Der Parkettboden ist dunkel und zeigt Altersspuren, die hellen Wände könnten einen neuen Anstrich vertragen.

„You can have a look, these are the two bedrooms, each with a separate bathroom. Behind the kitchen, there is a maid room with washing machine."

Geduldig erklärt sie mir alles, während sie die Balkontüre öffnet. Ein warmer Wind weht herein.

„You can open the kitchen back door and have a nice breeze in the evening."

Nacheinander schaue ich mir in Ruhe alle Zimmer an. Der Wohnungsschnitt ist symmetrisch, beide Schlafzimmer sind groß und fast quadratisch, die angrenzenden Bäder haben jeweils eine Badewanne und kleine Fenster nach hinten zur Schnellstraße hin. Eines der Schlafzimmer hat einen separaten Ankleideraum mit eingebauten Regalen, Kleiderstangen und einem großen Spiegel, das ist genial! Im zweiten Schlafzimmer gibt es zwei geräumige Wandschränke, außerdem einen eingebauten Schreibtisch. Auf der anderen Seite der Wohnung liegt spiegelverkehrt zum Ankleideraum der *maid room*, der nur von der Küche aus über einen kleinen Balkon zugänglich ist. Gedacht ist der winzige Raum, in den gerade mal ein schmales Bett und ein Schrank passen würden, für eine Hausangestellte. Hier steht eine ältere Waschmaschine. Von dem kleinen Küchenbalkon führt ein schmaler, abschließbarer Zugang zu einer Feuerleiter die dreizehn Etagen bis nach unten, was ich sehr beruhigend finde, nachdem ich von einer Maklerin erfahren habe, dass die Feuerwehren nur etwa bis zum siebten Stock löschen können. Das ist in etwa auch die Höhe, die Moskitos erreichen. In dieser Wohnung wäre ich also auch vor ihnen sicher.

Die Möblierung im Wohnzimmer ist allerdings ziemlich hässlich, ein schwarzes, abgewetztes Ledersofa und vor der Durchreiche ein großer Esstisch mit sechs fleckigen Stühlen, in den Schlafzimmern steht jeweils ein breites Doppelbett. Als ich auf den Balkon hinaustrete, bin ich von dem Ausblick überwältigt.

Anders als in den Wohnungen, die ich bisher gesehen habe, ist der Blick absolut unverbaut und ich kann kilometerweit über die Stadt in Richtung Osten, Süden und Westen blicken. Nach kurzer Orientierung erkenne ich sogar das Q-House, ein Hochhaus mit imposanter Dachkonstruktion, das auf dem Weg zum Büro an der MRT-Station Sathorn steht. Die Wohnung ist echt interessant.

„How much would the rent be?"

Die Verwalterin überlegt kurz. „You choose a one year contract?" Mietverträge schließt man üblicherweise für ein ganzes Jahr ab und bekommt dann günstigere Konditionen. Ich nicke. „Then the rent is 39.000 Baht per month, and one month deposit. Plus electricity, water and UBC, if you want." UBC, das habe ich schon gelernt, ist ein Kabel-TV-Anbieter.

„I don't need UBC, but internet."

„No problem, we can take care of that."

Die Miete entspräche nach aktuellem Wechselkurs knapp eintausend Euro, wobei der Umtauschkurs nicht stabil ist und ziemlich schwanken kann. Der Preis ist nicht schlecht für eine Wohnung mit geschätzt 140 Quadratmetern in einer Weltmetropole mit rund zwölf Millionen Einwohnern. Was würde eine Wohnung dieser Größenordnung wohl in New York, London oder Tokyo kosten?

Mein Interesse will ich Duang aber nicht allzu deutlich zeigen, um noch Verhandlungsspielraum zu haben.

„May I show you the other facilities? There is a gym and a pool, and a tuk tuk service free of charge to go to BTS and MRT station. Laundry and cleaning service are available at low cost."

Swimmingpool, Trainingsraum und kostenloser Shuttle-Service zu den nächstgelegenen Stationen. Das klingt ziemlich gut. Bevor wir zum Rundgang aufbrechen, möchte ich wissen, ob die Wohnung noch renoviert wird und ab wann sie bezugsfertig wäre. „Yes, we will paint the walls, no problem. It could be ready in a week or so." Das wäre geradezu perfekt.

„Okay, that sounds good, but I'm not shure yet. I have made arrangements to see some other apartments. Let me get back to you in some days. Is there any chance to reduce the rent a bit? You see, actually I look for a smaller apartment, I just need one bedroom." Kurz überlege ich, dann ziehe ich die Chula-Karte. „You know, I work as a teacher at Chulalongkorn University, not for a big company." Ihr Blick zeigt mir, dass sie versteht, was ich meine. „Oh, okay, let me talk to the manager and see what is possible."

Im Büro gehe ich mit Ploy die Termine der nächsten Wochen durch. Ploy heißt amtlich gar nicht Ploy. Das ist ihr Spitzname, der einen langen, für westliche Zungen nahezu unaussprechlichen thailändischen Namen ersetzt, und *Juwel* bedeutet. Auch untereinander reden sich Thailänder nur mit ihren Spitznamen an, häufig sind ihnen die ‚echten' Namen der Gesprächspartner gar nicht geläufig. Die Spitznamen sind kurz und eingängig und begleiten ihre Namensträger durchs ganze Leben. Beliebt sind einsilbige Bezeichnungen wie *Nam, Nu* oder *Fa*, was Wasser, Maus oder Himmel bedeutet, zunehmend wählen Eltern aber auch englische Namen oder Bezeichnungen, die das Schicksal ihrer Kinder positiv beeinflussen sollen, wie Bank oder Money, auch Studenten mit Namen Guitar,

Milk und Toffey sollte ich später noch kennenlernen. Der Phantasie sind kaum Grenzen gesetzt. Gegenüber älteren Gesprächspartnern setzt man noch ein *phi* davor, das für die Anrede älterer Geschwister benutzt wird.

In den ersten Arbeitswochen stehen vor allem Antrittstermine in meinem Terminkalender, ganz vorne der Botschafter und die Kulturreferentin der deutschen Vertretung. Mit der Botschaft werde ich beruflich viel zu tun haben, es gibt regelmäßige Austauschrunden mit den Akteuren der deutschen Kultur- und Spracharbeit. Auch der Wirtschaftsreferent sowie der Leiter der Visaabteilung sind wichtige Gesprächspartner, die ich bald kennenlernen sollte. In regelmäßigen Abständen werde ich zum Wirtschaftskreis eingeladen werden, gemeinsam mit Vertretern deutscher Unternehmen.

Ganz vorne stehen auch Treffen mit dem Direktor des Goethe Instituts und der Leitung der Sprachabteilung. Später werden Besuche bei zahlreichen Hochschulen in Bangkok sowie im ganzen Land folgen. Empfohlen wurde mir auch, Kontakt zu den fünf deutschen parteinahen Stiftungen zu knüpfen, die Büros in Bangkok unterhalten, ebenso wie zur deutschen Außenhandelskammer sowie zur ständigen Vertretung der EU-Kommission. Und dann sind da noch diverse thailändische Institutionen, wie das *Royal Golden Jubilee Program* oder der *Thailand Research Fund*, die Stipendien für thailändische Wissenschaftler vergeben, die im Ausland promovieren möchten. Es ist eine lange Liste, die Ploy und ich gemeinsam durchgehen, sie wird die Termine für mich koordinieren und mich auch zu einigen Treffen begleiten.

Übermorgen findet, wie immer am ersten Donnerstag im Monat, abends um sechs Uhr eine Vortragsveranstaltung für Studieninteressierte und ihre Eltern statt. Ploy wird auf Thai das deutsche Studiensystem und das Alltagsleben in Deutschland vorstellen. Ich sollte dabei sein, um die Besucher auf Englisch zu begrüßen und um Fragen zu beantworten. Ploy meint, meine Anwesenheit als Deutsche und Leiterin des Büros würde der Veranstaltung mehr Bedeutung geben. Ich trage mir die monatlich wiederkehrenden Termine gleich in den Kalender ein.

Die erste Woche vergeht unglaublich schnell. Am Freitagnachmittag habe ich die letzten Wohnungsbesichtigungen, aber eigentlich steht meine Entscheidung schon fest, ich werde die Wohnung in der Nachbarschaft nehmen. Am Samstagmittag mache ich mich daher erneut auf den Weg zu Duang. Vor ein paar Tagen ist mir neben der Wohnanlage ein einfaches Restaurant aufgefallen, das ich ausprobieren möchte. Gleich vorne im Eingangsbereich dampft in einem großen Kessel eine verführerisch duftende Suppe mit Rindfleischbällchen, die man mit verschiedenen Nudelvarianten bestellen kann, auf der Speisekarte finden sich außerdem diverse Gerichte mit Ente. Ich bestelle einen Salat mit Entenfleisch. Die zwei kleinen roten Chilischoten auf der Karte machen deutlich, dass das Essen scharf sein wird, drei Chilischoten sind das Maximum. Der Salat wird mit warmem Reis serviert und ist einfach köstlich! Wenn ich die Wohnung nehme, werde ich sicher öfter herkommen.

Die beiden Angestellten der Hausverwaltung sind wieder im Dienst. Duang zeigt mit einem feinen Lächeln, dass sie mich schon erwartet hat.

„How are you?" begrüßt sie mich, ihrer Sache offensichtlich ziemlich sicher.

„Hello, *sawasde khaa*!", entgegne ich. „So I came back to see the apartment again, if you don't mind."
Sie ist schon dabei, die Schublade mit den Schlüsseln zu öffnen. „No problem. You decide already?"

So schnell möchte ich meine Karten nicht aufdecken. „Almost. I would like to have another look to make a final decision."
Beim Überqueren des Hofs sehe ich das hauseigene Tuk Tuk stehen. „The tuk tuk service drives you for free to BTS Nana or MRT Klong Toey station, if you like." Das ist echt ein großer Pluspunkt. In der Wohnung sind bereits Handwerker zugange und bereiten alles für einen neuen Anstrich vor.

„Did you have a chance to talk to the manager?", bereite ich die Mietverhandlungen vor.

„Yes. After he heard you are German lady and work as teacher, he can offer you 36.000 Baht per month for a one year contract."

Das ist mit etwa 900 Euro pro Monat zwar immer noch viel Geld, aber in den letzten Tagen ist mir klar geworden, wie wichtig es mir ist, dass ich ein Zuhause habe, in dem ich mich wohl fühle. Und von allen Wohnungen und Häusern, die ich in dieser Woche gesehen habe, war das Bauchgefühl hier am besten.

„Okay, I take it. You mentioned you have some furniture I could choose from. I really do not like the black leather couch too much. And would it be possible to get a new mattress in the main bedroom?"

Duang führt mich in das Nachbargebäude, dort stehen in einem großen Lagerraum unzählige Möbelstücke. Ich finde eine stoffbezogene Couch in gutem

Zustand, die mir zusagt und die ich mit einer Überdecke noch aufhübschen kann, außerdem einen kleineren Esstisch mit vier Stühlen. Das zweite Doppelbett soll durch ein Einzelbett für Gäste ersetzt werden, damit ich in dem Raum mehr Platz für meinen Arbeitsbereich habe. Außerdem bekomme ich die Zusage, dass das große Bett eine neue Matratze bekommt. Heute in einer Woche werde ich einziehen!

Mit Dirndl und Lederhosen

„*BAI NAI?* WHERE YOU GO?" Der Taxifahrer hat das Beifahrerfenster heruntergelassen und beugt sich in meine Richtung. „To Chulalongkorn University." Ich reiche ihm meinen Zettel durch das geöffnete Fenster, auf dem die Adresse steht, mit ausgedrucktem Kartenausschnitt von Google Maps. Praktischerweise gibt Google auch die thailändische Schreibweise von Adressen an. Neugierig dreht er das Blatt hin und her. „Aaah, bai Chula. To Chula. No go, sorry." Bedauernd schüttelt er den Kopf und macht eine abwehrende Handbewegung, im Anfahren lässt er das Fenster wieder hoch und fädelt sich in den stockenden Verkehr ein. Mich lässt er verwundert am Straßenrand zurück. Mehrere Versuche, eines der Taxen zu stoppen, die an mir vorbeifahren, schlagen fehl. Keines davon hat einen Fahrgast an Bord, was man an dem rot beleuchteten Schriftzug in der Windschutzscheibe erkennen kann. Aber keines hält an. Langsam wird die Zeit knapp, es ist bereits kurz vor neun.

Heute ist Semesterbeginn und mein erster Arbeitstag an der Uni steht bevor. Für zehn Uhr ist die wöchentliche Konferenz an der Deutschabteilung der Universität anberaumt und damit meine Vorstellung im gesamten Kollegium. Und ich bin mal wieder spät dran, dummerweise ist auch das hauseigene Tuk Tuk unterwegs. Die Alternative wäre, einen knappen Kilometer bis zur BTS-Station Nana zu laufen, dann vier Stationen bis Siam Square zu fahren und von dort aus die noch verbleibende Stecke, die auf der Karte immerhin mit anderthalb Kilometern angegeben ist, zu Fuß zu gehen. Und das bei dreißig Grad im Schatten, in gebügelter, langärmeliger Bluse und langem Rock. Ich sehe mich schon total durchgeschwitzt und abgehetzt in der Runde meiner neuen Kollegen sitzen. Toller Einstieg! Aber es hilft nichts, hier ist kein Taxi zu bekommen, Plan B muss her.

Also laufe ich los, die Straße runter Richtung Sukhumvit Road, eine der Hauptstraßen Bangkoks, die aus der Stadt heraus nach Südosten Richtung Pattaya führt. Das thailändische Straßensystem ist nicht nur für Neuankömmlinge verwirrend, vor allem, weil viele Nebenstraßen im Nirgendwo als Sackgasse an einem Kanal enden. So zweigen von der Hauptader Sukhumvit Road zahllose Nebenstraßen nach Norden und Süden ab, die nummeriert sind und den Adresszusatz *Soi* für *Gasse* haben. Meine Straße ist die Sukhumvit Soi 4, sie zweigt ganz am Anfang der Sukhumvit Road nach Süden ab und liegt damit relativ zentral. Alle Soi mit geraden Zahlen gehen in Richtung Süden, die mit ungeraden Zahlen nach Norden. Untereinander sind diese Nebengassen manchmal verbunden, aber verlassen sollte man sich nicht darauf. Unterverästelungen sind dagegen häufig, was es Ortsunkundigen schwer macht, sich zu orientieren und den richtigen Weg zu finden. Selbst Taxifahrer müssen sich oft auf den letzten Metern zu einer Adresse bei Passanten durchfragen, weil nur Bewohner die Labyrinthe durchschauen. Postzusteller in Bangkok zu sein, ist sicher nur was für Orientierungskünstler mit fotografischem Gedächtnis.

Es ist mühsam, auf dem Gehweg voranzukommen. Straßenstände versperren den Weg und zwingen mich zum Ausweichen. Aromawolken von frittierten, gebratenen und gedämpften Leckereien hüllen mich immer wieder ein. Um die Garküchen herum bilden sich Menschentrauben, jeder wartet geduldig, bis er an der Reihe ist. Vor mir laufen, oder besser gesagt schlendern in aller Gemütsruhe Passanten, die ihren Geschäften nachgehen, auf dem Weg zur Arbeit sind, oder Besorgungen machen. Dazwischen Hunde und Katzen, in friedlicher Koexistenz in ihrer ganz eigenen Welt. Von Hektik keine Spur. Ich verlangsame mein Schritttempo, um nicht ständig überholen zu müssen, aber so werde ich nie ankommen. Meine Tasche, die schwer ist von Büchern, halte ich eng am Körper. Langsam fange ich an zu schwitzen. Noch ein paar Meter, dann bin ich an der Hauptstraße. Vielleicht bekomme ich hier ein Taxi?

An der großen Kreuzung warten die Autos vierspurig in langen Reihen, die Ampel steht auf Rot. Sehr hilfreich ist, dass die meisten Ampelanlagen die verbleibenden Sekunden der Rot- und Grünphasen anzeigen. Demnach bleiben mir jetzt noch 48 Sekunden, bis die Ampel auf Grün umspringen wird. Zeit genug, nach einem freien Taxi Ausschau zu halten. In der zweiten Fahrspur erkenne ich ein grün-gelbes Taxi mit erleuchtetem Schriftzug in der Windschutzscheibe. Ich schlängle mich durch die wartenden Autos, im Augenwinkel immer die Umgebung und heranbrausenden Motorroller im Blick, die jede Lücke zwischen den Autos nutzen, um ganz nach vorne direkt an die Kreuzung vorzupreschen. Ich klopfe an die Scheibe und öffne die hintere Autotür, um direkt einsteigen zu können.

„To Chula, Siam Square?"

Der Fahrer zögert einen Moment, nickt dann. Schnell steige ich ein, lasse mich auf den Rücksitz fallen und ziehe die Autotür zu. Glück gehabt. Der Innenraum ist kühl temperiert, im Radio läuft Thaipop. Zwar bin ich noch nicht am Ziel, aber auf dem besten Weg dorthin. Und der Hitze entkommen. Bevor die Ampel auf Grün umspringt, reiche ich dem Fahrer meinen Zettel nach vorn.

„Could you please take me to Chulalongkorn University at Henri Dunant Road?"

Meine Aussprache sorgt für Verwirrung. Henry Dunant, Schweizer Bürger und seinerzeit Gründer des Internationalen Roten Kreuzes, ist exotischer Namensgeber für einen der Boulevards im Herzen Bangkoks.

„Aaahh, Angri Dünang?", korrigiert mich der Taxifahrer nachdem er Karte und Adresse in der nächsten roten Ampelphase eingehend studiert hat. Ich nicke. Sein „Okeeee!" signalisiert, dass ich mir jetzt keine Sorgen mehr machen muss. Entspannt lehne ich mich im Sitz zurück. Viertel nach neun. Das schaffe ich locker bis zehn Uhr.

Der Verkehr ist zäh, aber er fließt einigermaßen. Die Straße führt unter der Hochbahntrasse entlang, was mir die Orientierung erleichtert. Es geht immer geradeaus, wir passieren die BTS Stationen Ploen Chit und Chit Lom, auf der linken Seite sehe ich den bei Thai und Touristen gleichsam beliebten Erawan Schrein, auf den vor einigen Jahren ein Bombenanschlag verübt wurde. Dabei kamen zwanzig Menschen ums Leben, mehr als hundert Personen wurden verletzt. In den kommenden Monaten wird mir bewusst werden, dass man in Bangkok, aber vor allem in Südthailand, seit Jahrzehnten mit der Bedrohung durch Bombenattentate lebt. In westlichen Medien sind Anschläge in Thailand jedoch nur dann Thema, wenn Touristen betroffen sind.

An der nächsten großen Kreuzung biegen wir links ab in die Henri Dunant Road. Auf der rechten

Seite muss gleich der große Campus der Chulalong-korn Universität kommen. Wir passieren die auf der Karte eingezeichnete Patumwan Demonstration School, links sehe ich das Schild des Royal Bangkok Sports Club, die Pferderennbahn in Bangkok. Hier muss ich aussteigen.

"Could you stop here, please?", signalisiere ich meinem Fahrer, der prompt an den Straßenrand steuert. Das Taxometer zeigt 55 Baht, umgerechnet knapp ein Euro fünfzig. Taxifahren wird neben der BTS und MRT zu meinem wichtigsten Fortbewegungsmittel in Bangkok werden.

Kaum bin ich dem klimatisierten Auto entstiegen, umfängt mich erneut die schier unerträgliche, drückende Schwüle. Auf dem Gehweg tummeln sich Kinder und Jugendliche in Schuluniformen, kurze schwarze Hosen und weißes Hemd für die Jungen, schwarze, das Knie bedeckende weite Faltenröcke mit weißer Bluse für die Mädchen, dazu schwarze, geschlossene Schuhe. In Gruppen schwatzen und schlendern sie gemütlich auf dem breiten Weg, kaufen sich Süßigkeiten und Getränke an den Verkaufsständen und Garküchen. Ein Stück weiter entdecke ich den Eingang zum Campus und bahne mir einen Weg durch die Schülergruppen.

Die Campusanlage der Chulalongkorn Universität ist überwältigend! Kaum bin ich durch das von Wachpersonal gesicherte Tor getreten, fällt mein Blick auf die majestätisch ausladenden Gebäude im traditionellen Baustil, die in einer gepflegten, sehr grünen Parkanlage stehen. Der Gegensatz zum tosenden Verkehr draußen auf der Straße könnte nicht größer sein. Aber auch hier herrscht reger Betrieb, Autos und

Kleinbusse fahren auf den schmalen Straßen, die das Unigelände ringförmig durchziehen, auf den Gehwegen drängeln sich Horden von Studenten. Sofort fallen mir die Uniformen auf. Wie die Schüler draußen auf der Straße trägt man auch hier Einheitskleidung. Im Unterschied zu den Schuluniformen sind die Hosen der jungen Männer hier lang und eng, die Röcke der Studentinnen meist eher kurz und knapp, Faltenröcke sind die Ausnahme. Dass die Kleiderordnung in Thailand ein Thema ist, hatte ich kurz vor meiner Abreise dem Bericht einer Vorgängerin entnommen. Leider hatte ich zu diesem Zeitpunkt meinen Vertrag bereits unterschrieben, denn zu meinem großen Kummer machte dieser Bericht nur allzu deutlich, dass ich von liebgewonnen Kleidungsgewohnheiten für die Dauer meines Dienstverhältnisses in Bangkok würde Abschied nehmen müssen. Im Klartext bedeutet meine Lehrtätigkeit an einer Hochschule in Thailand, dass ich im Dienst keine Hosen tragen darf. Ebenso keine T-Shirts oder kurzen Röcke, keine engen, tief ausgeschnittenen oder durchscheinenden Oberteile. Keine offenen Sandalen. Ähnliches gilt übrigens für männliche Kollegen, von denen man lange Hosen, Hemden mit langen Ärmeln und geschlossene Schuhe erwartet. Auf das Tragen von Jackett und Krawatte wird dagegen großzügig verzichtet.

Einerseits reduzierte diese strikte Kleiderordnung vor meiner Ausreise enorm die Qual der Wahl, welche Kleidungsstücke mich nach Bangkok begleiten sollten. Andererseits stellte es mich vor die große Herausforderung, in relativ kurzer Zeit einen neuen Kleidungsstil zu entwickeln, der mich nicht völlig meiner Persönlichkeit entfremden würde. Viel Zeit blieb mir nicht zur Vorbereitung, also kaufte ich in Deutschland noch schnell drei, vier längere, schmal geschnittene Röcke und passende helle Blusen mit langen Ärmeln dazu. Denn auch die Farbwahl ist nicht unproblematisch, Rot und Gelb sind in Thailand eindeutig politischen Lagern zugeordnet, und Schwarz erfreut sich als Trauerfarbe auch nicht der größten Beliebtheit. Zwei, drei Paar flache, bequeme Schuhe ergänzen meine offizielle Garderobe, wohingegen die meisten meiner Schuhe mit hohem Absatz in Deutschland geblieben sind. Denn mit meinen 1,73 Metern Körpergröße überrage ich die meisten Thai fast um eine Kopflänge, eine Tatsache, der man mit hohen Schuhen nicht unbedingt noch mehr Aufmerksamkeit verschaffen muss. Wenn ich jetzt den Einheitslook der Studierenden um mich herum sehe, bin ich ja schon froh, dass ich als Dozentin keine Uniform tragen muss!

Nach meinem Lageplan muss das Gebäude, in dem sich die Deutschabteilung befindet, rechts liegen. Ich gehe an einem Parkhaus vorbei, dem sich ein mehrgeschossiger moderner Bau anschließt. Das komplette Erdgeschoss ist ein nach vorne und hinten offener, von Säulen gestützter Freiraum, rechts befinden sich Fahrstühle, vor denen die Studierenden warten. Auf der gegenüberliegenden Seite ist - ein Starbucks! Für den Kaffee in den Pausen wäre somit gesorgt.

Gleich nebenan steht ein monumentaler Gebäudeblock mit beeindruckender Freitreppe, der mit seinen Säulen und hoch gelegener Freiterrasse an sowjetische Zuckerbäckerarchitektur erinnert. Es sind mehr als zehn Stockwerke. Hier muss das *Department of Western Languages* und damit auch die Deutschabteilung beheimatet sein. Ich gehe, nein, ich schreite die breite Treppe hinauf, denn das ist eine filmwürdige Kulisse! Auch hier wimmelt es von schwarz-weiß gekleideten Studierenden. Mit dem Fahrstuhl fahre ich in die neunte Etage, dort ist im Vorraum am Schwarzen Brett ,Deutschabteilung' zu lesen. Es ist zehn Minuten vor zehn Uhr, ich werde also einer der deutschen Haupttugenden gerecht und bin pünktlich, dazu in noch recht guter Verfassung und nicht komplett durchgeschwitzt. Hurra, ich hab's geschafft!

Ich folge dem verwinkelten Gang, an dem sich kleine Büros aneinanderreihen, und stehe plötzlich vor einer freundlichen Dame.

„Oh, Sie sind bestimmt die neue DAAD-Lektorin?" strahlt sich mich an. „Herzlich willkommen!"

Ich erwidere die freundliche Begrüßung und ergreife die Hand, die sich mir entgegenstreckt.

„Guten Tag! Ja, genau, ich bin Carolin Mülverstedt."

„Bitte, kommen Sie mit mir, wir haben gleich Konferenz. Ich bringe Sie schon mal in das Besprechungszimmer. Die anderen werden in ein paar Minuten da sein."

Ich folge ihr zu einem winzigen fensterlosen Raum mit Glaswand zum Flur und setzte mich auf einen der Stühle, die um den großen Konferenztisch gruppiert sind. An den Wänden stehen Regale mit Nachschlagewerken und Lehrbüchern für den Deutschunterricht.

„Oh, Moment, ich mache die Klimaanlage an. Es ist sehr warm hier."

Meine neue Kollegin betätigt Lichtschalter und Klimaanlage, und schon bläst es mir kalt um die Ohren.

An den permanenten Klimaschock werde ich mich gewöhnen müssen. Und zwar sehr schnell. Es dauert nicht lange, dann kommt nach und nach das gesamte Kollegium zusammen. Montagmorgen zehn Uhr ist während des Semesters ein fester Termin für alle. Das heißt, für sieben Kolleginnen und zwei Kollegen, darunter ein weiterer deutscher Lektor. Was die Kleiderordnung betrifft, bin ich mit meinem Outfit zwar ganz gut im Rennen, kann aber nicht mit den Kolleginnen mithalten, die – offensichtlich angelsächsischer Konvention folgend – mit pastellfarbenen, passgenau geschneiderten Kostümen aufwarten. Geradezu perfekt für einen High Tea bei der Queen! Noch dazu ist bei ihnen keinerlei Beeinträchtigung durch die Hitze erkennbar, nicht ein Schweißtröpfchen zeigt sich auf den perfekt gepuderten Gesichtern. Ich bin beeindruckt und werde die nächstbeste Gelegenheit nutzen, um den Damen ihre Kosmetikgeheimnisse zu entlocken.

In den Montagssitzungen werden organisatorische und inhaltliche Fragen rund um den Unterricht und das Studium geklärt, anstehende Termine und Prüfungen besprochen, Aufgaben verteilt und Aktivitäten geplant und dergleichen Dinge mehr. Heute steht als erster Punkt die Begrüßung meiner Person und die Vorstellungsrunde auf der Tagesordnung, dann wird das Semesterprogramm besprochen. Ich werde drei Kurse unterrichten, zwei im Bachelor- und einen im Master-Programm, die sich auf insgesamt sieben Unterrichtsstunden an drei Tagen verteilen. Die Kursthemen hatte mir der deutsche Kollege bereits vorab per E-Mail zugeschickt, so konnte ich mich schon in Deutschland vorbereiten und Unterrichtsmaterial mitbringen. Eine der sechs Kisten, die mir per Luftfracht nach Bangkok geliefert wurden, war gefüllt mit Büchern und Unterlagen für den Unterricht. A propos Bücher, beinahe hätte ich es noch vergessen! Am Ende meiner Vorstellung ziehe ich ein Buch aus meiner Tasche, das ich als Geschenk für die Abteilung mitgebracht habe. Es ist ein Nachschlagewerk über deutsche Redewendungen und macht mit seinem Goldschnitt durchaus etwas her. An der Überarbeitung dieses Bandes habe ich vor Jahren mitgewirkt. Eines meiner Belegexemplare gibt nun ein perfektes Einstandsgeschenk ab.

Es stellt sich heraus, dass die Kollegin, die mich so freundlich begrüßt hat, auch meine Büronachbarin ist. Wilita, von der Universität Siegen promovierte Linguistin und aktuell auch Leiterin der Deutschabteilung. Unser gemeinsamer Büroraum ist durch eine halbhohe Sichtschutzwand in zwei kleine Parzellen von je etwa sechs Quadratmetern aufgeteilt, durch meine Körpergröße kann ich aber leicht über die Wand hinweg mit Wilita kommunizieren. In meiner Bürohälfte ist ein Teil der Handbibliothek der Abteilung untergebracht, mit Unterrichtslehrwerken, Wörterbüchern und Lexika. Mit zwei Schreibtischen und Bürostühlen ist mein kleines Reich dann aber auch gut gefüllt. Ein Arbeitsplatz ist für mich, der andere für die Sprachassistentin, die nächste Woche anfangen wird. Dann sind wir mit elf Kolleginnen und Kollegen komplett und unterrichten rund einhundert Studierende im Bachelor-, Master- und Promotionsstudiengang *German Studies*.

Anders als in Deutschland dauert ein Bachelorstudiengang in Thailand vier Jahre und gleicht damit dem amerikanischen Hochschulsystem. In den ersten beiden Jahren steht neben allgemeinen Fächern im Hauptfach vor allem Sprachunterricht auf dem Lehrplan. Im dritten und vierten Jahr vertiefen Fachkurse wie Wirtschaftsdeutsch, Deutsch für Tourismus, Literatur oder auch Linguistik die Kenntnisse und verlangen mehr und mehr auch wissenschaftliches Arbeiten. Mir sind in diesem Semester die Kurse Wirtschaftsdeutsch und *German Reading* zugeteilt, sowie der Masterkurs *German Politics, Culture and Society*. Themen, die viel Gestaltungsspielraum lassen, da sie im Gegensatz zu reinen Sprachkursen nicht an feste Lehrwerke gebunden sind.

„Und, hast du schon eine Wohnung gefunden?" fragt mich eine der Kolleginnen, die mir gleich das ‚Du' angeboten haben.

„Ja, sogar relativ zentral, in der Sukhumvit vier." Jetzt bin ich auf ihre Reaktion gespannt. Jeder, wirklich jeder Erwachsene in Bangkok kennt diese Straße, die auch *Soi Nana* heißt und aufgrund des nächtlichen Treibens vor allem bei männlichen Touristen beliebt und stark frequentiert ist.

„Ach, sooo! Ja, da hast du es nicht weit zur Uni.", reagiert sie diplomatisch auf die Information, aber ihre Irritation ist deutlich herauszuhören und ich beeile mich zu ergänzen: „Ich habe eine Wohnung am Ende der Straße gefunden. Die Gegend ist sehr ruhig, dort gibt es ein paar nette Häuser. Es ist kurz vor dem Gelände der Tabakfabrik. Zur Uni kann ich mit der BTS, und die MRT nehme ich ins Büro. Eine gute Verkehrsanbindung war mir bei der Wohnungswahl wichtig."

Doch ihr Blick verrät mir, dass sie gerade noch ganz andere Bilder im Kopf hat.

Wilita hat mich eingeladen, sie und ein paar der Kolleginnen zum Mittagessen in die benachbarte Mensa zu begleiten, und ich schließe mich gerne an. Es sind nur ein paar Meter zu Fuß. Auch der Mensa fehlen an zwei Seiten die Außenwände, die langen Tischreihen sind bereits jetzt um halb zwölf voll besetzt. Das Essen wird an kleinen Kochstationen frisch zubereitet. Es gibt einfache Tellergerichte, wie gebratenen Reis. Nudelsuppe mit Fischbällchen ist meine Wahl für heute und gemeinsam mit Wilita stelle ich mich in die Schlange vor der Ausgabe.

„Wie bestellt man das auf Thai?" frage ich.

„Wie möchtest du die Nudelsuppe denn gerne haben, mit welcher Nudelsorte? Es gibt Reisnudeln oder die gelben aus Weizenmehl und Ei", erklärt Wilita.

„Ich esse gerne die breiten Reisnudeln, mit Fischbällchen", antworte ich.

„Dann bestellst du *nam sai sen yai*, Suppe mit breiten Nudeln. Und dann noch *luk xin pla*, mit Fischbällchen."

Als ich an der Reihe bin, gebe ich meine Bestellung auf Thai auf – und oh, Wunder, die Köchin versteht mich! Routiniert greift sie zu den breiten Reisnudeln, lässt sie kurz aufkochen, gibt aus einem großen Topf Fischsud und eine Handvoll gemischte Fischbällchen dazu. Mmmh! Das riecht lecker und macht glücklich! Schon seit meinem ersten Thailandurlaub ist Nudelsuppe in allen Variationen eines meiner Lieblingsgerichte.

Nach dem gemeinsamen Mittagessen verabschiede ich mich und fahre zu meinem zweiten Arbeitsplatz ins DAAD-Büro. Mit dem Taxi dauert das bei normalem Verkehr nur eine Viertelstunde. Mein Arbeitsrhythmus in diesem Semester ist durch den Stundenplan vorgegeben, vier halbe Tage an der Uni, die restliche Arbeitszeit im DAAD-Büro, dazu noch Vor- und Nachbereitung für den Unterricht und immer wieder offizielle und halboffizielle Termine an Abenden und Wochenenden. Es verspricht, ein spannendes, aber auch anstrengendes Arbeitspensum zu werden.

So bin ich gleich am nächsten Samstag von meiner Kollegin Ampha zum Oktoberfest eingeladen, sie hat einen Tisch für zwölf Personen reserviert. Bei ihrer Frage, ob ich ein Dirndl dabei habe, muss ich leider passen. Ein Dirndl! Weder bin ich Botschafterin bayerischer Hochkultur, noch habe ich vor, die gängigsten Klischees zu erfüllen, die man hier über Deutsche pflegt. Es muss auch ohne gehen. Zum Fest werden über hundert Gäste erwartet, und es ist nur eines von mehreren Oktoberfesten, die in der Stadt veranstaltet werden.

Der Nachmittag im Büro geht schnell vorüber. Ich bearbeite E-Mails und arbeite mich durch die Dokumente meines Vorgängers. Ende des Monats steht eine große Bildungsmesse in Bangkok mit Beteiligung mehrerer deutscher Hochschulen an, da ist noch viel zu organisieren.

Um kurz nach fünf Uhr schaue ich zufällig nach draußen. Der Himmel hat sich merklich eingetrübt.

„Ploy", rufe ich durch die geöffnete Zwischentür in das benachbarte Büro, „was meinst du, wird es gleich zu regnen anfangen?"

Ploy blickt kaum von ihrem Schreibtisch auf. „Ich denke schon. Eigentlich regnet es ja täglich um diese Jahreszeit, vor allem am Abend."

Der Oktober ist der Hauptregenmonat, täglich wird die Stadt von sintflutartigen Regenfällen überschwemmt, was regelmäßig den Zusammenbruch des Verkehrs und kilometerlange Staus verursacht. Ich beschließe meinen Rückzug nach Hause, aber was ist das beste Verkehrsmittel? Um diese Zeit herrscht bereits Rush-Hour mit überfüllten U-Bahnen und verstopften Straßen. Zur MRT-Station sind es zehn Minuten zu Fuß. Oder doch lieber mit dem Taxi direkt bis vor die Haustür, um dem Regen zu entgehen? Als ich auf die Straße trete, stauen sich die Autos bereits von der Hauptstraße zurück bis in unsere kleine Gasse hinein. Das sieht nicht gut aus. Mit dem Taxi kann ich sicher mit zwei Stunden Fahrtzeit rechnen, und das für eine Strecke von gerade mal fünf Kilometern.

Also entscheide ich mich für die MRT. Als ich zur Station komme, ist der Eingang von Menschenmassen verstopft, jeder will auf der Rolltreppe nach unten. Es ist eines der zentralen Stadtviertel, viele große thailändische und internationale Unternehmen sind in der Nachbarschaft ansässig und ab fünf Uhr beginnt der tägliche Feierabendverkehr, auf Straßen und Gehwegen, an den Bushaltestellen, an MRT- und BTS-Stationen. Man schiebt sich durch die Menge und hofft, zumindest einen winzigen Stehplatz in einem der Züge zu ergattern, die in kurzen Abständen fahren.

Nach drei Stationen steige ich in die BTS um, auf dem Weg dorthin beginnt es zu regnen. Nach ein paar leichten Tropfen geht alles ganz schnell, als hätte eine unsichtbare Hand alle Schleusen des Himmels geöffnet. Schließlich stürzt das Wasser in einer geschlossenen Wand herab, die Häuser auf der gegenüberliegenden Straßenseite sind kaum noch zu erkennen. Aber das Wasser kommt nicht nur von oben, sondern wird durch einen heftigen Wind seitlich in die offene Station hineingedrückt. Regenschirme bieten kaum Schutz. Die Menschen am Bahnsteig rücken zusammen und jeder versucht, in den nächsten Zug hinein ins Trockene zu gelangen. Nur eine Station, dann steige ich wieder aus. Kaum habe ich die Bahn verlassen, sehe ich unter mir die überflutete Straße und lange Staus, auf allen Fahrspuren, in alle Richtungen. Nichts geht mehr. Nach Hause komme ich also erst einmal nicht. Zu Fuß müsste ich durch das Wasser waten, das an einigen Stellen schon mehr als zehn Zentimeter hoch steht, dabei würde ich mir die Schuhe komplett ruinieren. Ich werde also erst einmal abwarten, vielleicht hört der Regen bald auf. Doch nach einer halben Stunde ist die Station mit Neuankömmlingen überfüllt, die kaum noch Platz finden. Der Regen tobt nach wie vor unbändig und die Wassermassen schießen in breiten, reißenden Flüssen durch die Straßen.

Mir kommt die kleine Bar um die Ecke in den Sinn. Es sind zwar nur geschätzte hundert Meter, aber ich bin ziemlich durchnässt, als ich dort ankomme. Ich kann noch einen freien Tisch auf der überdachten Terrasse zur Straßenseite hin ergattern. Bei einem Clubsandwich und einem Glas Rotwein erscheint mir das Warten auf das Ende des Regens plötzlich gar nicht mehr so schlimm. Die Bar wird in den nächsten Monaten so etwas wie ein öffentliches Wohnzimmer für mich, allein, manchmal auch mit Freunden und Bekannten. In der heimeligen Atmosphäre kann ich nach anstrengenden Arbeitstagen auf Entspannungsmodus umschalten.

Samstagmorgen. Nach einer anstrengenden Woche lasse ich es heute langsam angehen. Inzwischen kann ich nachts trotz Hitze auch ohne Klimaanlage schlafen. Nach dem Aufstehen setze ich mich mit einem Kaffee auf den Balkon und genieße den Ausblick. Mein Plan für heute ist, tagsüber ein paar Einkäufe zu erledigen, um sechs Uhr beginnt dann das Oktoberfest.

In den ersten Wochen habe ich schon gelernt, dass hier alles seine Zeit braucht. Mal eben schnell etwas erledigen zu wollen, bedeutet, dass man mindestens zwei bis drei Stunden unterwegs sein wird. Meine geplanten Einkäufe werde ich mit einem Mittagessen im *Food Court* verbinden. Nahezu jedes Kaufhaus oder Einkaufszentrum hat einen Food Court und ich halte das für eines der genialsten kulinarischen Erfindungen. Unterschiedliche Garküchen sind hier vereint, wobei sich Angebot, Preis und Service je nach Konzept sehr unterscheiden. Das bei Touristen sehr beliebte Einkaufszentrum *Mah Boon Krong,* das von allen nur MBK genannt wird, bietet beispielsweise in einem sehr großen Food Court typisch thailändische Gerichte. Für ein, zwei Euro bekommt man dort gute Qualität, allerdings hat das Schnellrestaurant den Charme einer Großkantine. Andere Food Courts bieten internationale Gerichte in gediegener Atmosphäre mit Servicepersonal, wie etwa das Kaufhaus *Central* an der BTS-Station Chit Lom. Hier kann man nach Gusto japanische, koreanische, chinesische, indische oder auch italienische Spezialitäten in ruhiger Atmosphäre genießen, manchmal untermalt mit Live-Musik, was allerdings auch höhere Preise bedeutet.

Mein Ziel heute ist das Kaufhaus *Robinson* mit seinem eher unspektakulären Food Court im Untergeschoss. Das Motto ist gut, günstig, schnell. Und im Gegensatz zu einem klassischen Restaurant fühlt man sich als Einzelperson hier auch nicht fehl am Platz. An einem zentralen Schalter kaufe ich Coupons im Wert von hundert Baht, das sind knapp drei Euro. Coupons, die ich nicht verbrauche, kann ich wieder zurücktauschen. Die zehn, zwölf Garküchen bieten klassische Thaigerichte. Ich entscheide mich für *khao man gai*, das ist in fetter Hühnerbrühe gekochter Reis mit gegarter Hühnchenbrust und süß-scharfer Chilisoße. Dazu bekomme ich eine Schale klare Hühnerbrühe mit einem Stück Bittergurke. Die restlichen Coupons reichen noch für einen Lemongrass-Eistee. Mit meinem Tablett suche ich einen Platz an einem der einfachen Tische im Raum. Abräumen muss ich nach dem Essen nicht, Thailand ist ein Full-Service-Paradies.

Danach geht es in die erste Etage zur Damenbekleidung. Gleich am Ende der Rolltreppe erwarten mich die Auslagen mit Slips und BHs. Interessiert schaue ich mich um und entdecke Modelle der deutschen Marke Triumph, *made in Thailand*. Bei genauer Inspektion unterscheidet sich die Passform deutlich von der europäischen. Die BH-Körbchen liegen enger aneinander und sind stark gepolstert, viel bekommt man als Frau darin nicht mehr unter. Auf dem Tisch nebenan liegt mit riesigen Körbchengrößen das Kontrastprogramm, offenbar für die Zielgruppe arabischer Touristinnen, die sehr zahlreich hier einkaufen. Wer wie ich mit mitteleuropäischer Standardgröße ausgestattet ist, findet kaum etwas Passendes im Angebot.

Blusen und Röcke sind mein nächstes Ziel. Aber alles, was ich hier an den Modepuppen sehe, scheint auch für Puppen gemacht. Die Blusen sind in den Schultern extrem schmal geschnitten, die Röcke sehr verspielt und viel zu kurz. Pech gehabt, absolut nichts für mich dabei. Da bleibt mir wohl doch nur der Gang zu einem der zahlreichen Schneider. Wenigstens finde ich in der Herrenabteilung ein schönes, bequemes Freizeit-T-Shirt mit einem aufgedruckten Gecko und unten bei den Accessoires einen roten Filzhut mit kleiner Feder, der sich bestens für das Oktoberfest heute Abend eignet. Wenn schon nicht mit Dirndl oder Lederhose, dann wenigstens mit passendem Hut.

Das Oktoberfest ist schon in vollem Gang, als ich um kurz nach sechs Uhr ankomme. Im Gebäude des Bangkok Royal Sports Club tummeln sich zahlreiche Besucher, viele davon zeigen stolz ihre bayerische Tracht mit Dirndl und Lederhosen. Die meisten Gäste sind Thai, aus sind einige thai-deutsche Paare darunter. Schnell finde ich den Tisch meiner Kollegin Ampha, die Studentinnen sind schon versammelt und neugierig auf den Abend.

„Oh, Ajarn Carolin, wie schade, Sie haben ja gar kein Dirndl an!" werde ich von Pim begrüßt, die ich in diesem Semester auch unterrichte. Die Enttäuschung ist ihr deutlich ins Gesicht geschrieben. Die respektvolle Anrede *Ajarn* wird für Lehrer beiderlei Geschlechts verwendet.

„Nein, ich habe kein Dirndl, ich komme ja auch nicht aus Bayern."

Meine Erklärung wirkt etwas dünn angesichts der Tatsache, dass um mich herum lauter Thai in Dirndl und Lederhosen herumlaufen und sich dabei sichtlich amüsieren.

Ampha ist auch schon da, sie genießt sichtlich großen Respekt und die Zuneigung der Studierenden, was neben ihrem Status vor allem auch ihrem humorvollen Wesen zuzuschreiben ist. Kaum ist unser Tisch voll besetzt, wird das Essen serviert: zwei große Platten, überladen mit gebratenen Würstchen und je einer riesigen Schweinshaxe, dazu Senf, Sauerkraut und Brot. Was ich in diesem Moment noch nicht ahne, ist, dass ich in den kommenden Monaten mehr Schweinshaxe essen werde als bisher in meinem ganzen Leben. Deftige Küche ist normalerweise nicht mein Ding, aber ich werde sie nicht umgehen können, wenn Gastgeber mir eine Freude machen wollen und mir zu Ehren typisch bayerische Hausmannskost auftischen.

Zu Hause in Deutschland würde ich jetzt ein Bier zum deftigen Mahl trinken. Hier habe ich Bedenken, denn ich weiß, dass ich in meiner Rolle als Lehrerin eine Vorbildfunktion habe. Neben dem passenden Dresscode heißt das auch, in Gegenwart von Studenten nicht zu rauchen oder keinen Alkohol zu trinken. Aber Cola oder Wasser zu Bratwürstchen, das will mir so gar nicht schmecken. Und immerhin feiern wir nach guter deutscher Tradition Oktoberfest. Ich beschließe, Ampha zu Rate zu ziehen.

„Ist es okay, wenn ich im Beisein der Studenten ein Bier trinke?", frage ich.

„Natürlich kannst du das." antwortet sie prompt.

Also organisiere ich mir ein kleines Bier, das frisch vom Fass gezapft wird, eine der großen thailändischen Brauereien ist Hauptsponsor der Veranstaltung.

Der Abend wird recht kurzweilig. Auf dem Programm stehen neben musikalischen Darbietungen einer Blasmusikkapelle auch Geschicklichkeitsspiele für das Publikum. Für Frauen wird ein Bierwetttrinken veranstaltet. Auf der Bühne stehen vier Thailänderinnen unterschiedlicher Statur. Welche zuerst eine Maß Bier auf ex leert, hat gewonnen. Zwei der Damen haben offensichtlich Übung, sie liefern sich ein Kopf-an-Kopf-Rennen. Die Gewinnerin schafft ihren Sieg durch regelmäßige, große Züge. Ihre Anstrengung wird mit tosendem Applaus vom Publikum belohnt, von der Jury gibt es einen prall gefüllten Präsentkorb mit Nivea-Produkten der vor Ort ansässigen Firma Beiersdorf, *made in Thailand*!

Anschließend werden Baumstämme auf die Bühne gerollt, für die ausgewählten männlichen Kandidaten gilt, sich den Titel im Wettsägen zu holen. Die Teilnehmerrunde besteht zu gleichen Teilen aus Thai und Deutschen, das Rennen macht dann ein stämmiger Deutscher mit kariertem Hemd und Lederhosen. Im Umgang mit Werkzeugen und Arbeiten dieser Art ist er offensichtlich geübt, den Baumstamm zersägt er professionell und flink in zwei Teile.

Die ersten Studentinnen verabschieden sich bereits gegen acht Uhr, sie haben noch einen weiten Heimweg. Vielleicht wollen sie aber auch ins nächtliche Clubleben abtauchen. Auch ich möchte nicht so lange bleiben, zumal man auf dem fröhlichen Fest immer trinkfreudiger wird. Ampha trifft ebenfalls Vorbereitungen für ihre Heimfahrt. Eine Veranstaltung unmittelbar nach dem Essen zu verlassen, ist in Thailand durchaus üblich. So mache ich mich nach deutschen Verhältnissen früh am Abend auf den Heimweg und bin froh, als ich um neun Uhr in meinem neuen Zuhause satt und gemütlich im neuen T-Shirt und bequemer Schlabberhose auf meiner Couch liege.

Ein Besuch im Isan

„*SAWASDEE KHAA*! WELCOME to our flight from Bangkok to Khon Kaen with Nok Air. My name is Nok Bua."

"And my name is Nok Nan."

Auf dem Flug von Bangkok nach Khon Kaen führen alle Flugbegleiterinnen, die uns in knappen gelben Kostümen und mit freundlichem Lächeln begrüßen, den Beinamen *Nok*. Unser Flugzeug hat kurz nach dem Start von Bangkoks nationalem Flughafen Don Mueang gerade die Flughöhe erreicht, als sich das Bordpersonal vorstellt und Sicherheitshinweise gibt. Schon beim Boarding war mir die bunte Bemalung auf dem Flugzeug aufgefallen.

„Schau mal, das sieht ja aus wie eine Schildkröte. Warum malen die denn den Kopf einer Schildkröte auf das Flugzeug?" hatte ich Ploy gefragt.

„Das ist doch keine Schildkröte", erwidert sie gespielt entrüstet, „das ist eindeutig ein Vogelkopf. Siehst du nicht? Da vorne, das ist der Schnabel. *Nok* bedeutet *Vogel*."

Und deshalb gehören alle Flugbegleiterinnen zur Nok-Familie und tragen einheitlich den Beinamen Nok. Ich verstehe! Oder besser *khao jai khaa*, wie ich auf Thai sagen würde.

Die Vogelfluggesellschaft bringt uns in den Isan, eine Region im Nordosten Thailands, die als ‚Reiskammer Thailands' oder auch als ‚Armenhaus Thailands' bezeichnet wird. Das Gebiet ist relativ dicht besiedelt und geprägt von Landwirtschaft. Berühmt ist der Isan für seinen Klebreis, den Ausländer vor allem in der Kombination mit Mango mögen. Direkt an Laos angrenzend, woher viele Bewohner ursprünglich kamen, ähnelt der Isan-Dialekt sehr der laotischen Sprache.

Den Bewohnern haftet häufig das Vorurteil armer, etwas rückständiger Bauern an. So manche Mitarbeiterin des Rotlichtmilieus, die in Bangkok lebt und arbeitet, kommt aus dieser Region. Oft hat sie die pure Not nach Bangkok geführt. Sitzen gelassen von ihren thailändischen Ehemännern, die weder für den Unterhalt ihrer Ehefrauen noch für die Kinder aufkommen, bleibt den meist noch jungen Frauen kaum eine andere Wahl, um ihre Familien durchzubringen. Die Kinder lassen sie bei den Großeltern oder anderen Familienangehörigen zurück und verdienen auf den Straßen und in den Bars der Touristenorte den Lebensunterhalt für die ganze Familie. Oft träumen sie davon, einen Ausländer aus dem Westen, Japan oder Korea kennenzulernen, der ernste Absichten hegt und sie heiratet. Dann ziehen sie mit dem Partner ins Ausland.

Ist ihr Ehemann schon im Rentenalter, verlegt er vielleicht aber auch seinen Wohnsitz in ihr Heimatdorf. Im Isan gibt es zahlreiche Dörfer, in denen der Wohlstand dank westlicher Ehemänner Einzug gehalten hat. Da Ausländer in Thailand offiziell kein Land erwerben dürfen, kaufen sie auf den Namen ihrer Ehefrauen ein Grundstück und bauen ein Haus darauf. Die verbleibende Lebenszeit verbringen sie dort, mehr oder weniger gut umsorgt von ihren thailändischen Frauen. Wenn es gut geht, ist es für beide Seiten eine Win-win-Situation. Männer aus westlich geprägten Kulturen gelten als zuverlässig und sind, sofern sie über ein regelmäßiges Einkommen verfügen, als Partner durchaus begehrt.

Thailändische Männer haben dagegen oft keinen so guten Ruf, neigen sie doch in den Augen vieler Thailänderinnen zu Faulheit und Unzuverlässigkeit, Spielsucht, Verschwendung und Untreue. Bis ins zwanzigste Jahrhundert hinein war thailändischen Männern, wie in vielen anderen asiatischen Kulturen auch, die Ehe mit mehreren Frauen gleichzeitig erlaubt. Als die Polygamie per Gesetz in Thailand verboten wurde, haben viele Männer sie trotzdem aufrechterhalten, auch wenn Zweit- und Drittfrauen dann nicht mehr offiziell geheiratet werden konnten. Nebenfrauen gibt es heute noch, und sei es nur in der Gewohnheit, sich dauerhaft eine oder mehrere Geliebte zu leisten.

Der Flug nach Khon Kaen dauert etwa eine Stunde. Kaum haben wir die Flughöhe erreicht, beginnen unsere freundlichen gelben Vögel Nan und Bua, Snacks und Wasser auszuteilen. Aus der kleinen Tüte, das auf meinem heruntergeklappten Tischchen liegt, ziehe ich ein Mini-Croissant, das einen süßen Duft verströmt. Genüsslich beiße ich hinein, aber sofort senden meine Geschmacksnerven verstörende Botschaften an das Gehirn. In der zuckersüßen Ummantelung hat sich eine herzhafte Wurst versteckt. Ungläubig starre ich auf mein angebissenes Croissant.

„Was ist?" fragt Ploy, „schmeckt's dir nicht?"

Mein Gesichtsausdruck spricht für sich. „Ähm, ich hatte nicht mit einer Wurst in einem süßen Teig gerechnet. Sehr ungewöhnlich."

„Aber wir Thailänder lieben es, unterschiedliche Geschmäcker zu kombinieren. Süß, salzig, sauer, bitter. Das sind die vier Geschmacksrichtungen. Wir versuchen, sie bei Mahlzeiten möglichst ausgewogen zu halten."

Aha. Aber ein Würstchen im süßen Croissant? Da fällt mir spontan der Comic ‚Asterix bei den Briten' ein, bei dem Obelix ständig die armen Wildschweine bedauert, die von den Briten mit Pfefferminzsoße gegessen werden. Ist also alles eine Geschmacksfrage. Was lerne ich daraus? Auch bei scheinbar vertrauten Leckereien ist immer mit Überraschungen zu rechnen.

Ploy und ich sind vom Thai-Deutschen Verein in Nordostthailand zum Deutschen Tag eingeladen worden, der alljährlich im November veranstaltet wird. Ein offizieller Termin also. Zur Eröffnung des Festes werden Grußworte und Ansprachen gehalten, auch von mir wird ein Beitrag erwartet. Vor dem Festakt steht noch ein Besuch der Deutschabteilung an der Universität von Khon Kaen an, wo immerhin über hundert junge Frauen und Männer im Bachelor-Programm Deutsch studieren.

Khon Kaen ist mit über einhunderttausend Einwohnern die zweitgrößte Stadt im Nordosten. Der Flughafen ist klein und bedient nur Inlandsflüge. Schnell sind wir mit unserem Handgepäck durch die Kontrolle und finden am Ausgang ein Taxi, das uns zum Pullman Hotel bringt. In dem monumentalen Kasten mit fast dreihundert Zimmern haben wir eine Übernachtung gebucht. Von meinem Fenster aus überblicke ich die Stadt, wir sind im Zentrum, in der Nähe sehe ich die Shopping Mall Central Plaza. Mein Zimmer ist geräumig, aber es riecht nach feuchter, abgestandener Luft und Mottenkugeln. Dieser charakteristische Geruch wird sich in den kommenden Monaten in den meisten Hotelzimmern wiederfinden und für mich untrennbar mit Thailand verbunden bleiben.

Uns bleibt nicht viel Zeit, um vier Uhr ist das Treffen an der Uni geplant. Wieder nehmen wir ein Taxi und ich bin froh, dass Ploy dabei ist und die Koordination mit dem Taxifahrer übernimmt, denn dieser spricht kein Wort Englisch. Jetzt am Freitagnachmittag ist kaum Verkehr, zügig erreichen wir den Unicampus und dort das Gebäude der Deutschabteilung. Das Treffen findet in einem großen Hörsaal statt, fast alle Plätze sind belegt. Im Taxi bin ich mit Ploy noch einmal durchgegangen, wie die Dozenten heißen und wen ich zuerst begrüßen muss. Thailändische Namen bereiten mir immer noch Schwierigkeiten und der richtige protokollarische Ablauf ist bei offiziellen Terminen sehr wichtig, schnell kann man sich da in die Nesseln setzen und Gesprächspartner nachhaltig verärgern.

Kaum bin ich im Saal, bekomme ich schon ein Mikrofon in die Hand gedrückt und soll die Veranstaltung eröffnen. Für meine Begrüßung auf Deutsch wähle ich einfache, kurze Sätze und spreche betont und langsam, wie eine Schauspielerin in einem antiken Drama. Ich suche den Blickkontakt zu einzelnen Studentinnen und Studenten, um in ihren Gesichtern zu erkennen, ob sie mich verstehen. Die meisten Zuhörer schauen mich neugierig an und folgen meinen Worten, ich habe ihre Aufmerksamkeit. Mir ist wichtig, mit meinem Publikum in Kontakt und ins Gespräch zu kommen.

„Darf ich euch duzen?"

Die Studenten lachen verlegen und viele nicken.

„Ich würde gerne wissen, warum ihr euch für Deutsch entschieden habt. Was hat euch dazu motiviert, diese nicht ganz einfache Sprache zu lernen? Und was sind eure Ziele, wenn ihr mit dem Studium fertig seid? Was ist euer Traumjob?"

Verhaltenes Tuscheln setzt ein, doch keiner traut sich zu antworten. Also trete ich noch näher an die Sitzreihen heran und spreche eine junge Frau direkt vor mir an, die mich mit wachen Augen anschaut.

„Hast du schon eine Idee, was du nach dem Studium machen möchtest?"

Die Mädchen, die direkt neben ihr sitzen, rücken kichernd von ihrer Nachbarin ab. Die junge Frau vor mir ist überrascht, aber sie meistert die Situation.

„Ich möchte *flight attendant* werden."

„Ah, Flugbegleiterin. Ein interessanter Beruf, bei dem man viel reisen kann. Warst du schon einmal in Europa oder vielleicht sogar in Deutschland?" frage ich weiter.

„Nein, noch nicht. Aber ich möchte gerne einmal dorthin. Nach Paris und Berlin. Und Schloss Neuschwanstein", erwidert sie ohne Zögern.

„Deine Aussprache ist sehr gut", lobe ich anerkennend. „Wer von euch war denn schon einmal in Deutschland?" wende ich mich an die Menge.

Vereinzelt gehen ein paar Hände nach oben, aber es sind höchstens zehn. Ich spreche einen jungen Mann an, der nicht weit entfernt von mir sitzt und gerade die Hand gehoben hatte.

„Du warst schon in Deutschland?"

„Ja. Ich habe Familie besucht. In der Nähe von Frankfurt", antwortet er, eher zurückhaltend. Ich sollte das Thema Familie vielleicht besser nicht weiter vertiefen, möglicherweise ist seine Mutter in Deutschland verheiratet, während er in Thailand bei den Großeltern bleiben musste.

„Und weißt du schon, was du nach dem Studium machen möchtest?" lenke ich das Gespräch in eine andere Richtung.

„Vielleicht im Hotel oder für eine internationale Firma arbeiten", antwortet er nach kurzem Überlegen.

Die meisten Studierenden, die Deutsch lernen, möchten für ein deutsches oder internationales Unternehmen arbeiten, weil dort die Vergütung und soziale Absicherung mit Krankenversicherung und Rentenanspruch große Anreize bieten. Jobs im Tourismus sind zumindest in jungen Jahren recht beliebt, weil sie Spaß und Abwechslung versprechen, allerdings kommen die meisten nach ein paar Jahren dann doch noch in Unternehmen mit attraktiveren Arbeitsbedingungen unter.

„Möchte jemand hier gern Deutschlehrerin oder Deutschlehrer werden?"

Immerhin gehen zwei, dann drei Hände nach oben. Zwar ist der Lehrerberuf mit einem hohen Ansehen verbunden, aber er ist vergleichsweise schlecht bezahlt und verlangt hohes persönliches Engagement. Dazu kommt, dass die Unterrichtsbedingungen insbesondere außerhalb der größeren Städte oft nicht gut sind. Große Klassen und eine schlechte Ausstattung der Schulen erschweren den Unterricht.

Unter den Studenten sind sicher auch einige Kinder deutscher Einwanderer, die hier im Nordosten eine Familie gegründet haben. Sie wachsen meist zweisprachig auf, da die Männer oft nur über Grundkenntnisse der thailändischen Sprache verfügen und mit den Kindern Deutsch oder Englisch sprechen. Besitzen diese nur die thailändische Staatsangehörigkeit, etwa weil der Mann nicht der leibliche Vater ist, ist der Weg zum erträumten Studienaufenthalt in Deutschland sehr steinig. Ploy hält im zweiten Teil der Veranstaltung einen Vortrag über das deutsche Bildungssystem und die Studienmöglichkeiten für Thailänder an deutschen Hochschulen. Sie spricht Thai, damit die

Zuhörer auch jedes Detail verstehen, denn das Thema ist ziemlich komplex.

Die thailändische Hochschulreife wird in Deutschland nicht anerkannt. Wollen Thai an einer deutschen Hochschule studieren, müssen sie entweder vor dem Studium ein Jahr lang in einem Studienkolleg in Deutschland studienvorbereitende Kurse in Deutsch und allgemeinen Fächern machen und eine Abschlussprüfung bestehen, die dem Abitur gleichkommt. Oder sie müssen in Thailand zunächst zwei Jahre in einem Bachelor-Programm studieren, bevor sie sich für ein fachnahes Studienprogramm in Deutschland bewerben können – und dort noch einmal im ersten Semester beginnen. Die letzte Entscheidung trifft dabei die deutsche Hochschule, oder die Frage, ob ein Studienvisum erteilt wird oder nicht. Im Laufe meiner Tätigkeit erlebe ich einige tragische Fälle, in denen Anträge auf ein Studienvisum wiederholt und endgültig abgelehnt werden, aus für mich nicht nachvollziehbaren Gründen.

So hatte sich eine Bewerberin jahrelang auf einen Studienaufenthalt in Deutschland vorbereitet, hatte viel Geld und Zeit für Sprachkurse aufgebracht und sich schließlich erfolgreich an einer deutschen Hochschule für ein Studium eingeschrieben, aber am Ende blieb ihr das Studienvisum ohne weitere Erklärung verwehrt. Dabei hatte sie bereits ihre Arbeitsstelle gekündigt und ein Flugticket gebucht, der Studienbeginn in Deutschland stand unmittelbar bevor. Wenige Tage vor Abflug erhielt sie dann die vernichtende Nachricht, dass ihr Antrag auf ein Studienvisum abgelehnt worden war. Auch ein Einspruch gegen den Bescheid, den ich nach Kräften unterstützte, blieb erfolglos.

Bei meinen Besuchen an Hochschulen und Schulen in den kommenden Monaten bin ich immer wieder überwältigt von dem starken Interesse an Deutschland und der hohen Motivation Deutsch zu lernen. In Thailand gibt es einige Schulen, an denen man Deutsch als zweite Fremdsprache nach Englisch wählen kann. Alle drei Jahre wird eine Statistik erhoben, wie sich das Interesse an Fremdsprachen in den Schulen und Universitäten entwickelt, und trotz der starken Konkurrenz durch asiatische Sprachen wie Chinesisch, Japanisch und Koreanisch kann sich Deutsch neben westlichen Sprachen wie Französisch, Spanisch und Portugiesisch behaupten. So kam die letzte Zählung auf insgesamt ca. 12.800 Deutschlerner in Thailand, darunter 3.650 Schüler und etwa 1.300 Studierende an Hochschulen des Landes. Die übrigen lernen am Goethe Institut oder privaten Schulen, viele davon Frauen, die für das Ehegattenvisum zur Einreise nach Deutschland Sprachkenntnisse erwerben müssen. Zusätzlich haben Schulaustauschprogramme in den letzten Jahren dazu beigetragen, dass immer mehr Mädchen und Jungen ein Auslandsjahr in Familien in Deutschland, der Schweiz oder Österreich verbringen. In einem meiner Kurse hat etwa ein Drittel der Studierenden ein Auslandsjahr während der Schulzeit in einem deutschsprachigen Land verbracht und es war am Anfang irritierend und belustigend zugleich, Deutsch mit stark österreichischer und schweizerischer Akzentfärbung im Unterricht zu hören.

Auch wenn die Zahl der Deutschlerner absolut gesehen niedrig erscheint, muss man sich vergegenwärtigen, dass sich die meisten dieser Jugendlichen für eine Sprache und Kultur interessieren, zu der sie keinen direkten Bezug haben und die zehntausend Kilometer entfernt von ihnen gesprochen und gelebt wird. Noch dazu ist Deutsch mit seinen verwirrenden Deklinations- und Konjugationsregeln, mit Konjunktiv, Imperativ und zwei Futurformen, Artikeln und vielen Aussprachehemmnissen keine einfache Sprache, und auch die erste Fremdsprache Englisch hilft nur bedingt dabei, die Hürden der deutschen Grammatik zu meistern. Wie einfach ist doch Thai dagegen, jedenfalls aus dem Blickwinkel der Muttersprachler.

Das Taxi hat gewartet und bringt uns zum Deutschen Tag, der auf dem naturwissenschaftlichen Campus der Universität veranstaltet wird. Ajarn Sukanda, die Vorsitzende der hiesigen Alumni-Vereinigung, bereitet uns einen warmherzigen Empfang. Obwohl ihr Studium in Deutschland schon einige Jahrzehnte her ist, spricht sie immer noch sehr gern und recht fließend Deutsch. Dass sie kurz vor der Pensionierung steht, kann man angesichts ihres temperamentvollen und resoluten Auftretens kaum glauben. Ihr Mann, ebenfalls Hochschuldozent, ist bemüht, allen Wünschen und Aufforderungen seiner Frau umgehend Folge zu leisten. Seit Jahren ist sie für die Ausrichtung dieses Festes verantwortlich. Stolz berichtet uns Ajarn Sukanda, dass die Würstchen für die Feierlichkeiten extra aus dem rund 450 Kilometer entfernten Bangkok geliefert wurden. Dazu gibt es Kartoffelsalat und Bier vom Fass.

Für das Fest wurden eine Bühne und Biertischgarnituren für rund achtzig Gäste aufgebaut. Der Festschmuck besteht aus unzähligen Fähnchen in den deutschen, thailändischen und bayerischen Landesfarben. Das Programm bietet eine lange Liste mit Begrüßungsreden, aufgelockert von musikalischen Beiträgen der Blasorchester ortsansässiger Schulen. Zum Abschluss gibt es eine Deutscholympiade, bei der Schülerteams gegeneinander antreten und Fragen über Deutschland beantworten sollen. Das verspricht ein langer Abend zu werden! Ich verlasse mich auf Ploy, die mir zusichert, dass wir spätestens um neun Uhr mit dem Taxi ins Hotel zurückkehren werden. Unser Fahrer bleibt in der Nähe, versorgt mit Würstchen, Kartoffelsalat und sicherlich auch ein paar kleinen Bierchen.

Die Gäste sind bunt gemischt, darunter viele Ehemalige, die einen Teil ihrer Studienzeit in Deutschland verbracht haben und nach ihrer Rückkehr deutsche Traditionen im Vereinsleben fortführen. Außer Dozenten, Studierenden und Schülern sind aber auch viele deutsch-thailändische Paare aus dem Umland zum Fest nach Khon Kaen gekommen, überwiegend deutsche Männer im Rentenalter mit ihren thailändischen Frauen. Sie sind mit ihren Kindern hier, die an der Uni oder einer der Schulen Deutsch lernen und das Programm des heutigen Abends aktiv gestalten, als Musiker in einer Blaskapelle oder als Teilnehmer an der Deutscholympiade.

Ein Wissenschaftler, der mit einem Auslandsstipendium gefördert wird, muss in der Regel einen Vertrag mit seiner thailändischen Hochschule und damit dem Staat abschließen und sich verpflichten, nach der Rückkehr mindestens zehn Jahre im Hochschuldienst zu bleiben. Damit soll verhindert werden, dass sich jemand auf Staatskosten ausbilden lässt und direkt nach dem Studienabschluss in die deutlich besser bezahlte Privatwirtschaft abwandert. Die Vergütung an staatlichen Hochschulen in Thailand ist deutlich geringer als in der freien Wirtschaft, junge Nachwuchswissenschaftler beginnen meist mit einem Einstiegsgehalt von etwa zwanzigtausend Baht, also etwa fünfhundert Euro pro Monat. Auf einer Professorenstelle kann man sein Gehalt dann auf mehr als das Doppelte steigern, wobei noch Zusatzvergütungen gezahlt werden, etwa für die Abnahme von Prüfungen.

Dozenten und Professoren sind in Thailand verbeamtet und haben als Privileg einen ‚blauen Reisepass', der ihnen Vorteile bei internationalen Reisen gewährt. Anders als thailändische Normalbürger, die für die Einreise nach Deutschland in einem aufwändigen, teuren und manchmal geradezu erniedrigenden Verfahren ein Visum beantragen müssen, können Staatsbeamte ohne zusätzliches Visum bis zu vier Wochen in Deutschland bleiben. Wer jedoch ein Besuchsvisum für Deutschland benötigt, muss nachweisen, dass er oder sie den Aufenthalt selbst finanzieren kann. Dafür ist der Nachweis von ausreichendem Barvermögen notwendig, der in Form von aktuellen Kontoauszügen oder Verdienstbescheinigungen erbracht werden muss. Alternativ kann ein Verwandter oder Bekannter in Deutschland eine Bürgschaft übernehmen.

Aber selbst wer ein gültiges Visum besitzt und damit bereits den Nachweis ausreichender finanzieller Ressourcen erbracht hat, ist vor Schikanen nicht sicher. So hat mir eine Thailänderin berichtet, dass sie sich bei der Einreise nach Deutschland am Frankfurter Flughafen indiskrete Fragen nach Kreditkarte und Bargeld gefallen lassen musste. Der Grenzbeamte forderte sie auf, ihm ihr Bargeld zu zeigen. Sie hatte nicht viel dabei, weil sie aus ihrer Studienzeit noch ein Konto in Deutschland hat. Aber diese Details musste sie einem sehr unfreundlichen Beamten offenlegen.

"Oh, you have such beautiful skin!"

Ich wollte mir kurz die Beine vertreten und stehe am Tisch der Getränkeausgabe, als zwei Hände wie aus dem Nichts auf mich zu fliegen und mein Gesicht wie in einem Schraubstock fixieren. Hinter den Händen taucht eine kleine, sehr hagere Frau auf, die mich mit aufgerissenen Augen hypnotisierend anstarrt.

"You know, I love your white skin, so nice and soft!"

Der Überraschungsangriff zeigt volle Wirkung und für einen Moment fühle ich mich wie Mogli aus dem Dschungelbuch, der von der Schlange Kaa in Hypnose versetzt wird, damit sie ihn genüsslich verschlingen kann.

„Oh!" bringe ich schließlich hervor, "Please, could you take off your hands?"

Verdutzt und von der Situation leicht überfordert ergreife ich schließlich ihre Handgelenke und befreie mein Gesicht aus dem festen Griff ihrer Hände, die rau sind und stark nach Knoblauch und anderen Gewürzen riechen. Ihr Gesicht ist mir so nah, dass ich den Alkohol deutlich wahrnehme.

"I wish to have such skin. You know, in Thailand we want to be white."

In der Tat war mir bereits aufgefallen, dass Geschäfte und Werbeanzeigen Unmengen an *whitening creams* anbieten, also Pflegeprodukte zum Bleichen der Haut. Ähnlich wie im Europa früherer Jahrhunderte gilt in Thailand heute noch eine dunkle Hautfarbe als unattraktiv, ja geradezu hässlich, denn sie deutet auf eine bäuerliche Herkunft hin, wo harte Feldarbeit in der Sonne die Haut bräunt und gerbt. Blasse, durchscheinende Haut ist dagegen der Inbegriff von Schönheit und wird mit einem erstrebenswerten Leben voller Luxus und Müßiggang in Verbindung gebracht. Der Blick auf Bangkoks Werbeplakate zeigt immer wieder ätherisch durchscheinende Wesen mit leichenblassem Teint. Völlig unerklärlich ist Thailänderinnen daher das Verhalten westlicher Touristinnen, die nach Thailand reisen und dort stundenlang in der prallen Sonne am Strand liegen, um einen möglichst hohen Grad an Ganzkörperbräune zu erzielen.

Von dem Schock muss ich mich erst einmal erholen und suche die Toiletten auf. Ein eindeutiges Piktogramm weist mir den Weg in ein Gebäude, es geht einen langen Flur hinunter bis zu den Waschräumen ganz am Ende. Ich bin auf thailändische Standardausstattung gefasst, was bedeutet, dass es anders als in Mitteleuropa keine wassergespülten Toiletten mit Sitzmöglichkeit gibt, sondern nur flache, in den Boden eingelassene Hockklos ohne Wasserspülung. Nachgespült wird mit Wasser, das man mit einer Schüssel aus einem Behälter schöpft. Toilettenpapier gehört ebenfalls nicht zur thailändischen Standardausstattung, man spült bei Bedarf ebenfalls mit geschöpftem Wasser. Wenn man mitgebrachtes Papier benutzt, sollte man es nicht den Abfluss hinunterspülen, denn in den dünnen Abwasserrohren führt das unweigerlich zu Verstopfungen. Für die Papierentsorgung und weitere Hygieneartikel steht ein Abfalleimer bereit, wie übrigens auch in den meisten Hotels und Resorts an den Touristenorten, wo häufig Hinweise darauf aufmerksam machen, dass Papier nicht in der Toilette entsorgt werden soll.

Eine Herausforderung ist, wenn man wie ich an diesem Abend lange, weite Hosen trägt. Die Hosen einfach nur nach unten rutschen zu lassen ist keine gute Idee, denn dann saugen sich die Hosenbeine sofort mit allen Flüssigkeiten des Beckens voll. Ich habe mir inzwischen eine ausgeklügelte Technik angeeignet, die meine Hosen vor Nässe schützt. Bevor ich den Reißverschluss öffne, ziehe ich beide Hosenbeine nach oben bis über die Knie, so dass die Unterschenkel frei sind. Dann erst öffne ich den Reißverschluss, lasse die Hose auf die Oberschenkel herunter und gehe in die Hocke. Perfekt, der Stoff kommt nicht einmal in die Nähe des Bodens.

Erleichtert und abgelenkt von den vorangegangenen Geschehnissen kehre ich zu meinem Platz zurück und erlebe mit der Deutscholympiade den Ausklang des Festes. Den restlichen Abend genieße ich nach der Rückkehr ins Hotel in Stille und Abgeschiedenheit in meinem Hotelzimmer.

Am nächsten Morgen werden wir nach dem Frühstück von Ajarn Sukanda und ihrem Mann abgeholt. Sie hat uns angeboten, mit uns in ein für seine Seidenweberei berühmtes Dorf zu fahren. Ihr Mann sitzt am Steuer, während sie uns die Tradition der Seidenweberei in der Region erklärt. Nach einer guten halben Stunde machen wir den ersten Stop in der Einkaufsstraße des Dorfes, in dem sich ein Seidenshop an den nächsten reiht. Ich habe ein Faible für schöne Stoffe und die Seide ist von guter Qualität, aber das Design der Kleidungsstücke ist sehr klassisch im traditionellen Stil gehalten und damit für mich leider nicht tragbar. Sukanda vertröstet mich auf die Seidenweberei, die für ihre modernen Muster bekannt ist. Dort angekommen, beginnen wir mit einem Rundgang durch die Produktion. Ausstattung und Technik sind sehr einfach und die Webstühle werden noch manuell betrieben, nicht anders als die Webtechnik im vorletzten Jahrhundert in Deutschland.

Uns begleitet eine Weberin, die alles auf Thai erklärt, Sukanda übersetzt eifrig. Genau genommen ist die Weberin ein *Kathoey*, also ein Transgender oder Transsexueller. Das kunstvolle Weberhandwerk wird hier traditionell von Kathoey betrieben, die häufig in kreativen Branchen tätig sind. Unsere Begleitung ist geschätzt an die fünfzig Jahre alt, hochgewachsen und schmal, mit feingliedrigen Fingern. Anders als Kathoey, denen ich in Bangkok begegne, ist sie nicht auffällig geschminkt oder sichtbar körperlich verändert. Hier auf dem Land, mit dem schmalen Verdienst aus dem Kunsthandwerk, können sich Kathoey keine kostspieligen Schönheitsoperationen und aufwändige Garderobe leisten. Die Weberin hat einen schmalen Körperbau, zu dem die kantigen Gesichtszüge in starkem Kontrast stehen. Ihre Haut zeigt deutliche Spuren der langjährigen Hormonbehandlung, die meist mit heftiger Akne einhergeht und Narben hinterlässt.

Am Ende der Führung begleitet sie uns in den Verkaufsraum, in dem aneinandergereiht hunderte von Stoffen sortiert nach allen Regenbogenfarben auf Tischen aus edlem Tropenholz präsentiert liegen. Der Eigentümer der Weberei ist über die Landesgrenzen hinaus berühmt für die Qualität seiner Seidenstoffe und seine Bemühungen, einer alten Tradition zu neuem Glanz zu verhelfen. Als Geschäftsmann und kreativer Geist hat er verstanden, dass die historischen Muster neu interpretiert werden müssen, um heutigen Ansprüchen zu genügen und über die Region hinaus verkauft werden zu können. Die Wahl fällt mir schwer, schließlich entscheide ich mich für einen sattgelben, schweren Stoff mit dezentem Muster, aus dem ich mir in Bangkok ein traditionelles Kostüm für offizielle Termine schneidern lassen werde.

Auf der Rückfahrt zum Flughafen kehren wir in einem bei Ortsansässigen sehr beliebten Restaurant ein. Die Spezialität ist gegrilltes Hühnchen mit Klebreis. Tatsächlich sind fast alle Tische besetzt, aber wir bekommen dann doch noch einen schönen Platz am Fenster. Vermutlich hat Sukanda ein bisschen nachgeholfen und der Bedienung gesagt, dass sie wichtige Gäste aus dem Ausland bewirten möchte. Jedenfalls ist der Service nach dem eindringlichen Gespräch, das sie mit ernster Miene geführt hat, überaus zuvorkommend. Um uns herum sitzen ausnahmslos Großfamilien, und alle essen Hühnchen mit Klebreis.

Unser Essen wird umgehend serviert, der Klebreis kommt in den traditionellen geflochtenen Behältern mit Deckel. Früher war das die ideale Transportmöglichkeit, um den Reis mit zur Feldarbeit zu nehmen. Das gegrillte Hühnchen ist grob in Hälften geteilt und riecht sehr verführerisch. Beim ersten Bissen fühle ich mich in meine Kindheit versetzt. Das Fleisch ist fest und saftig, dazu ausgesprochen aromatisch. Es ist der Geschmack frischer Landhühner, wie ich ihn von früher kenne. Kein Vergleich zu dem industriell verarbeiteten, geschmacksneutralen und weichen Hähnchenfleisch aus dem Supermarkt.

„Ist das eine spezielle Rasse?" frage ich. Das Hühnerfleisch ist auffallend dunkel.

"Die Rasse ist typisch für hier", erklärt Sukanda, „die Hühner sind schwarz und sehr groß, mit viel Muskeln."

Genüsslich verzehren wir unsere Portionen bis auf den letzten Bissen, bevor wir das Vogel-Flugzeug zurück nach Bangkok besteigen. Auf dem Rückflug lehne ich vorsorglich das Croissant ab, das mir eine freundliche Nok-Flugbegleiterin anbietet.

Zurück in Bangkok fallen mir schon vom Taxi aus die vielen mobilen Straßenstände ins Auge, die bunt geschmückte Blumenschiffchen anbieten. Richtig, heute ist Loy Krathong, das Lichterfest! Loy Krathong wird in der Vollmondnacht des zwölften Monats im traditionellen Kalender und damit meist am Novembervollmond gefeiert. *Loy Krathong* heißt übersetzt ,schwimmendes Floß', und so werden am Abend des Feiertages kleine, aus Bananenblättern gefertigte und mit Blumen geschmückte Boote mit Kerzen und Räucherstäbchen bestückt auf Flüssen und Seen ausgesetzt und auf die Reise geschickt. Dabei sollen die kleinen Schiffchen alle Sorgen, Nöte und Unheil der Menschen mitnehmen und auf diese Weise die Seele reinigen, damit sie ein neues, besseres Leben beginnen kann.

Nicht weit von meinem Wohnhaus hat eine Straßenhändlerin ihre bunten Bananenschiffchen auf einer Matte direkt auf dem Gehweg ausgebreitet. Ich suche mir ein schönes Floß heraus, geschmückt mit gelben Tagetes, einem Teelicht und drei Räucherstäbchen. Damit werde ich heute Abend in den Lumphini Park gehen, um auch meine Seele von Balast zu befreien. Nach Einbruch der Dunkelheit mache ich mich auf den Weg zum Suan Lum, wie der Lumpini Park bei den Einheimischen heißt. Als größter Park im inneren Stadtbezirk ist er die grüne Oase von Bangkok und bietet an normalen Tagen eine Rückzugsmöglichkeit vom Lärm und Trubel der Stadt. Heute Abend jedoch sind alle Eingänge des Parks durch Händler und Besucher belagert, die in Scharen herbeiströmen, um Loy Krathong zu feiern. Es ist ein Volksfest, das sehr friedlich und fröhlich begangen wird, beliebt vor allem bei jungen Paaren, die mit dem gemeinsamen Schiffchen ihre Hoffnungen auf den Weg bringen und ihre Liebe zueinander festigen wollen.

Nachdem ich eine schöne Stelle am Seeufer gefunden habe, zünde ich die Kerze und die Räucherstäbchen an und schaue zu, wie sich mein Boot langsam im Gleichklang mit all den anderen langsam vom Ufer entfernt. Die Kerzen auf den kleinen Booten tauchen den nächtlichen Park in ein stimmungsvolles Licht. Eine Weile hänge ich dem schönen Gedanken nach, dass die Sorgen einfach so davongetragen werden.

Weihnachten mit Schneewittchen

HEUTE BEENDE ICH MEINEN ARBEITSTAG etwas früher, denn um vier Uhr beginnt mein Sprachunterricht. Obwohl ich eigentlich gar keine Zeit habe, mich neben dem Job an der Uni und den vielen Projekten im Büro noch mit den Herausforderungen der thailändischen Sprache zu befassen, möchte ich doch zumindest ein paar Grundzüge lernen. Mein bisheriger Sprachschatz beläuft sich auf vereinzelte Wörter, die ich hier und da nebenbei lerne, aber der große Zusammenhang fehlt mir. Immerhin ist das Zahlensystem sehr systematisch und nicht so schwer, das hatte ich relativ schnell drauf und kann es auch täglich einsetzen, wenn ich kleine Einkäufe auf der Straße erledige oder auf Märkten handle. Schnell habe ich gemerkt, dass die Preise günstiger werden, wenn ich meine Preisvorstellung auf Thai äußere.

Die Sprachschule liegt in einem Hochhaus direkt an der MRT-Station Sukhumvit. Ich habe zehn Einzelstunden gebucht, damit ich die Stunden flexibel vereinbaren kann. Meine beruflichen Termine ergeben sich oft recht kurzfristig, daher kann ich kaum am Gruppenunterricht zu festen Zeiten teilnehmen. Heute habe ich also meine erste Unterrichtsstunde.

Die Lehrerin begrüßt mich gleich auf Thai: "*Chü kru lek*", was so viel heißt wie: *Ich heiße Lehrerin Lek*, wobei *lek*, wie ich später lerne, *klein* heißt. Also lerne ich jetzt Thai bei Frau Klein.

Die erste Lektion handelt davon, wie man sich vorstellt und nach dem Namen anderer fragt. Das ist auf jeden Fall sehr hilfreich. Neben einem Lehrbuch bekomme ich noch ein Übungsbuch, darin sind auch die Hausaufgaben, die ich bis zur nächsten Stunde machen soll. Ich lerne anhand von Lautschrift mit Betonungszeichen, an dem komplizierten Schriftsystem möchte ich mich erst gar nicht versuchen. Wie das Chinesische ist Thai eine tonale Sprache, bei der sich die Bedeutung der Wörter je nach Betonung verändert.

Das üben wir gleich in der zweiten Lektion am Wort *süa*, das je nach Betonung *Tiger* oder *Hemd* heißen kann. Oder auch *Matte*. Betonungsfehler können somit fatale Folgen haben, je nachdem ob ich sage: „Da drüben liegt eine Matte im Gras!" oder „Da drüben liegt ein Tiger im Gras!"

Die nächste Übung ist auch nicht einfacher. Das Wort *glai* bedeutet sowohl *nah* als auch *fern*, je nachdem, mit welcher Betonung es gesprochen wird. Ich kann mir einfach nicht merken, welches *glai* nun nah oder fern ist. Ich speichere es einfach erst einmal unter *nah und fern* ab.

"You need to pronounce it more like if you were very depressive! Make a very deep sound", korrigiert Lek meine Aussprache.

Ein depressives *glai* also? Ich versuche es wieder und ernte demotivierendes Gelächter.

"You sound like the people who live near the border to China", prustet sie lachend.

Ja, natürlich! Logischerweise spreche ich die Töne wie im Chinesischen, schließlich habe ich das vor Urzeiten gelernt. Aber wie witzig muss das tatsächlich klingen, wenn eine Deutsche Thai mit chinesischem Akzent spricht? Wir finden das beide ziemlich lustig, überhaupt lachen wir viel in dieser ersten Unterrichtsstunde. Lachen gehört in Thailand einfach dazu, und etwas Schadenfreude darf ruhig sein. Über die Fehler anderer zu lachen mag pädagogisch nicht sinnvoll sein, aber es hebt allgemein die Stimmung, und das ist den meisten Thailändern wichtig.

Also versuche ich, mir wenig Gedanken über meine Aussprachefehler zu machen, so wie ich das auch meinen Studenten immer wieder sage. Manche trauen sich nur dann den Mund aufzumachen, wenn sie absolut sicher sind, dass der Satz korrekt ist. Angst vor Fehlern behindert das Sprachenlernen ungemein. Andere reden einfach drauf los, dabei ist es ihnen total egal, ob sie Fehler machen. Das sind die kreativen Schnelllerner, die wahrscheinlich nie fehlerfrei sprechen werden, aber auch keinen Wert darauf legen. Hauptsache, sie machen sich verständlich. Mir würde das schon völlig ausreichen für meine Thai-Kenntnisse. Ich habe nicht den Anspruch, die Sprache von Grund auf zu lernen, dafür ist der Aufwand einfach zu groß, zumal man Thai außerhalb der Landesgrenzen auch nicht verwenden kann. Die Sprachen angrenzender Länder sind, abgesehen von Laotisch, unterschiedlicher als die Sprachen in Mitteleuropa. Khmer und Burmesisch haben eigene Schriftsysteme, auch Indonesisch und Malayisch haben mit Thailändisch nichts gemeinsam.

In der nächsten Lektion geht es um Uhrzeiten, Tageszeiten und Wochentage. Anders als im Deutschen, in dem wir einfach nach Morgen, Mittag und Abend unterscheiden, kennt man in Thailand feinere Differenzierungen. Es wird kompliziert. Nach einer knappen Stunde lässt meine Konzentrationsfähigkeit merklich nach, ich kann mir keine neuen Wörter mehr behalten und mache dauernd Fehler. Lek bombardiert mich mit Vokabeln, die ich wiederholen soll, und sie geht offenbar davon aus, dass ich mir in zehn Minuten gefühlt fünfzig neue Wörter einprägen kann. Der Lern-effekt ist gleich null und ich bin froh, als die Stunde endlich zu Ende ist. Wir verabschieden uns, *sawasdee khaa*, bis Freitag!

Auch durch diese Woche bin ich mal wieder in vollem Tempo durchgaloppiert. Jeder Arbeitstag war vollgepackt mit Terminen und Unterricht, abends sitze ich meist noch an Korrekturen von Hausarbeiten und der Unterrichtsvorbereitung. Außerdem hat mich eine Kollegin gebeten, ihre Übersetzungsarbeit Korrektur zu lesen. Jetzt habe ich gerade die dritte Thai-Unterrichtsstunde hinter mir, in der es um die Kon-struktion von Fragen und um Wortschatz rund um Essen und Trinken ging. Mir brummt der Schädel und ich bin einfach nur müde. In den letzten Wochen habe ich mir angewöhnt, das Wochenende mit einem klei-nen Wellness-Programm einzuläuten, um damit die Strapazen der Arbeitswoche etwas auszugleichen. Entweder gönne ich mir zwei Stunden traditionelle Thai-Massage oder eine Stunde Fußmassage.

Gefühlt jeder zweite Laden in meiner Nachbar-schaft bietet Massagedienste an, aber man sollte genau hinschauen, um keine bösen Überraschungen zu erle-ben. Einen entscheidenden Unterschied gibt es zwi-schen *traditional Thai massage* und *happy ending mas-sage*. Letzte wird auch als *soap massage* angeboten und dient vorrangig der sexuellen Befriedigung männlicher Kundschaft, während die traditionelle Thai-Massage ausschließlich am bekleideten Körper durchgeführt wird.

Heute entscheide ich mich für die Zwei-Stunden-Variante und steuere direkt den Massagesalon *King and I* an. Hier empfangen mich im geschmackvollen

Ambiente des Eingangsbereichs zwei freundliche Empfangsdamen, die mir das Massageangebot in Form einer Menükarte vorlegen. Dass das *King and I* seinen Namen tatsächlich von dem gleichnamigen Kinofilm aus den fünfziger Jahren hat, verraten die gerahmten Fotos im Treppenaufgang, die Szenen aus dem Film zeigen. In dem Film spielt Yul Brynner in der Hauptrolle den siamesischen König, der die Erziehung seiner Kinder und Ehefrauen einer englischen Hauslehrerin überlässt. Für diese Rolle hat er damals den Oskar bekommen, aber in Thailand war der Film sehr umstritten. Zu respektlos sei der Umgang der von Deborah Kerr gespielten englischen Angestellten mit dem König.

Die Geschichte beruht auf tatsächlichen historischen Begebenheiten. König Mongkut hatte im 19. Jahrhundert seinen Sohn und späteren Thronfolger Chulalongkorn – den Namensgeber der ältesten Universität – tatsächlich von einer englischen Hausdame unterrichten lassen, die ihn in westliche Sitten und Gebräuche einführte.

Die Massagen finden in kleinen Kabinen statt, die mit Vorhängen voneinander abgetrennt sind. In den winzigen Raum passt nicht viel mehr als eine Matte hinein. Meine Masseurin legt mir einen Anzug in die Kabine und zieht sich zurück, damit ich mich in Ruhe umziehen kann. Nur die Unterhose soll ich anbehalten, darüber ziehe ich die weit geschnittene goldfarbene, schlafanzugartige Kombination aus Hose und Oberteil aus schimmernder Kunstseide. Leises Klopfen kündigt meine Masseurin an. Sie ist klein, aber kräftig, und bedeutet mir, mich auf den Rücken zu legen. Sie kniet sich vor meine Füße und bevor sie mit der Massage loslegt, grüßt sie mit einem respektvollen *wai*, bei dem die aneinander gelegten Handflächen vor das Gesicht oder die Brust gehalten werden, je nach Rang des Gegenübers kombiniert mit einer kleinen Verbeugung. Aus ihrem Täschchen holt sie ein warmes, feuchtes Handtuch und reinigt mir zunächst die Fußsohlen, dann beginnt sie, meine Füße zu massieren.

Ihr Griff ist überraschend kraftvoll. Den ersten Schmerzreflex bekomme ich, als sie fest an jedem einzelnen Zeh zieht, als wollte sie prüfen, ob diese tatsächlich am Fuß angewachsen sind. Weiter geht es die Beine hinauf, als Nächstes greift sie mit den Fingerspitzen fest in meine linke Wade. Es fühlt sich an, als wäre ich in einem Schraubstock fixiert. Jetzt bloß nicht verkrampfen! Sie arbeitet sich konzentriert und in rhythmischen Bewegungen immer weiter nach oben und folgt dabei einem festgelegten Programmablauf. Allein für Beine und Arme benötigt sie eine knappe Stunde, dann soll ich mich auf den Bauch drehen und der Rücken ist an der Reihe. Jetzt massiert sie mit den Unterarmen und spitzen Ellenbogen, die sie unerbittlich in die Zwischenräume neben meiner Wirbelsäule bohrt.

Mir entfährt ein zaghaftes „uuiii", die thailändische Variante von „Autsch!".

Die Tortur kommt zu ihrem Höhepunkt, als sie sich auf meinen Rücken kniet und ausführlich Oberschenkel, Ischiasnerv und meine Gesäßhälften malträtiert.

"Nao mai?" ob mir kalt ist, möchte sie wissen. Zum Glück kam diese Frage im Thai-Unterricht schon dran.

"Mai chai, sabai, sabai." Nein, alles ist okay und ich fühle mich wohl. Sie gönnt sich und mir eine kurze

Verschnaufpause und verlässt die Kabine. Thaimassage besteht vor allem aus Ziehen, Drücken, Dehnen, Pressen und kann durchaus schmerzhaft sein, vor allem, wenn man dabei verkrampft. Wird der Schmerz sehr stark, versuche ich mir vorzustellen, dass das schmerzende Körperteil gar nicht zu mir gehört. Manchmal funktioniert das und macht die Qual erträglicher.

Meine Masseurin kommt mit einem kleinen Tablett zurück, darauf dampfen eine Tasse Tee und ein heißer, feuchter Lappen. Jetzt folgt der angenehme Teil der Massage. Sie setzt sich mit verschränkten Beinen hinter meinen Kopf, den ich auf das Kissen auf ihrem Schoß legen soll. Das heiße Tuch legt sie mir in den Nacken und massiert Hals, Kopf und Gesicht. Ich spüre sofort eine angenehme Wirkung und erst jetzt merke ich, wie angespannt meine Hals- und Gesichtsmuskulatur ist. Den Abschluss macht eine Nackenmassage und ich bin wie jedes Mal erstaunt, dass die zwei Stunden schon wieder vorbei sind. Die Schmerzen sind vergessen und ich fühle mich rundum erneuert. Noch etwas benommen stehe ich kurz darauf wieder auf der Straße und mache mich auf den Heimweg. Entspannter kann man kaum ins Wochenende starten!

Es ist Mitte Dezember und die Weihnachtszeit beginnt, auch in Bangkok. Das wird mir klar, als ich eines Abends nach Büroschluss auf dem Weg zur MRT am Q-House vorbeilaufe. Im Außenbereich laden ein Brunnen mit Wasserlauf und Bänke zu einer Verschnaufpause ein und häufig spielen dort Kinder. Heute ist der kleine Platz jedoch vollgestellt mit Holzbuden und einem riesigen, mit Lichtern üppig geschmückten blauen Weihnachtsbaum. Auf den ersten Blick erinnern die kleinen Häuschen an den Budenzauber eines deutschen Weihnachtsmarktes, bei genauem Hinsehen erkenne ich jedoch, dass Mickey Maus und seine Kumpane aus Disneyland die bunte Kunstwelt bevölkern. In einem der Häuschen wohnt Schneewittchen mit den sieben Zwergen, vor einer anderen Bude sind Mickey und Mini Maus in romantischer Zweisamkeit vereint. Dazwischen stehen künstliche grüne Weihnachtsbäume, aus denen sich Hände herausstrecken, die Gitarren halten.

Die Szene ist bizarr, aber absolut kein Einzelfall, wie ich in den nächsten Tagen feststelle. Vor dem Siam Paragon, einem der zahlreichen Luxus-Einkaufstempel der Stadt, sind die Palmen weihnachtlich geschmückt. Im Supermarkt trägt das Personal Weihnachtsmützen, aus den Lautsprechern plärren Kinderchöre amerikanische Weihnachtslieder in Endlosschleife und an Sonderverkaufsständen werden Geschenkesets aller Art angepriesen. Weihnachten ist hier völlig inhaltsleer und auf eine kommerzielle Karikatur reduziert. Irritiert beschränke ich meine Einkäufe in der nächsten Zeit auf das Notwendigste.

An Weihnachten erwarte ich den ersten Besuch aus Deutschland, meine Schwester Anne und ihr Lebensgefährte Yves kommen auf ihrer vierwöchigen Reise durch Südostasien für ein paar Tage bei mir vorbei. Weihnachten ist in Thailand kein gesetzlicher Feiertag und ausgerechnet in dieser Zeit stehen auch noch Prüfungen an der Uni an. Ich kann mich also maximal für ein Wochenende frei machen. Die beiden kommen donnerstags nach Bangkok und am Tag darauf wollen wir uns gleich auf den Weg machen. Unser Ziel ist Hua Hin, Naherholungsort für Großstädter und je nach

Verkehrslage in drei bis fünf Stunden erreichbar. Ich kenne die Stadt von meiner ersten Thailandreise und bin schon sehr gespannt, was sich in den letzten fünfzehn Jahren alles verändert hat.

Leider kann ich die beiden nicht vom Flughafen abholen, weil ich unterrichten muss. Die erste Nacht habe ich sie im Atlanta Hotel untergebracht, dorthin sind es von meiner Wohnung aus keine fünf Minuten zu Fuß. Das Atlanta ist als eines der ältesten Hotels in Bangkok berühmt und wurde von einem Deutschen gegründet, der dort zunächst ein pharmazeutisches Unternehmen startete. Aus Schlangenserum wollte er Medikamente herstellen, aber die Geschäftsidee scheiterte. Kurz entschlossen baute er den Komplex zu einem Hotel um, die Schlangengrube wurde der erste Hotelpool in Bangkok. Noch heute ist die Lobby im klassischen Art Deco Stil gehalten und zwei Dackelstatuen aus Bronze halten im Eingangsbereich Wache.

Nach der Arbeit treffe ich die beiden im Hotel zum Abendessen. Das Restaurant dort ist berühmt für seine fleischlosen Gerichte, was insbesondere Anne als Vegetarierin freut. In meiner Familie sind emotionale Ausbrüche eher unüblich, aber ich freue mich riesig, die beiden zu sehen. Wir umarmen uns herzlich, und das Wiedersehen macht mir schlagartig bewusst, wie lange ich schon von Deutschland weg bin. In den vergangenen Monaten war ich so sehr damit beschäftigt, mich zu organisieren und in der neuen Situation zurechtzufinden, dass mir kaum Zeit blieb, mir darüber Gedanken zu machen, was mir hier fehlt, nämlich der Austausch und Kontakt mit Freunden und der Familie. Auch wenn ich am Wochenende immer wieder über Skype und soziale Medien Kontakt halte, ist ein reales Zusammentreffen etwas ganz anderes. Sich spontan auf einen Kaffee oder ein Glas Wein verabreden, das ist selten möglich gewesen in der Anfangszeit, und wenn, war der Anlass meist beruflich. Ich bin für einen kurzen Moment überwältigt von diesem Gefühl und der Erkenntnis, wie sehr ich das vermisst habe. Noch in diesem Moment nehme ich mir vor, ab jetzt mehr sozialen Austausch zu pflegen, damit mich der Job nicht auffrisst.

Beim Abendessen bringt mich meine große Schwester auf den neuesten Stand und berichtet, was zu Hause alles passiert ist. Anne und Yves sind total munter, denn nach ihrer Ankunft im Hotel haben sie erst einmal den Nachmittag verschlafen. Spontan beschließen wir, noch einen Ausflug zu machen, und mein Vorschlag, den Blumenmarkt zu besuchen, kommt bei beiden gut an.

Wir nehmen ein Taxi, denn der Markt liegt direkt am Fluss in der Altstadt, die nicht an die BTS angeschlossen ist. Jetzt am späteren Abend ist der Verkehr auch nicht mehr so dicht, so dass wir schnell durchkommen. Zum Glück versteht der Fahrer sofort, wohin wir wollen, als ich das Fahrtziel *Pak Khlong Talad* nenne. Der Markt, der vor allem Großmarkt für Einheimische ist, hat rund um die Uhr geöffnet, aber am stimmungsvollsten ist er am späten Abend. Nachts legen die Boote direkt am Pier des Chao Phraya Flusses an und laden ihre frische Blumenfracht aus, die in den angrenzenden Markthallen und auf den Gehwegen die Straße entlang zum Verkauf angeboten wird. Marktstände reihen sich dicht an dicht, mit Orchideen, Rosen, Chrysanthemen und Lotusblüten überladen. Die exotischen Gewächse leuchten in allen Farben des Regenbogens. Es gibt Stände, die nur die Blüten der kleinen gelben Tagetes, der Studentenblume, verkaufen. In große Plastiksäcke verpackt liegen sie zum Abtransport bereit.

Dazwischen gibt es Stände, an denen einzelne Blüten und Bananenblätter zu kunstvollen Gestecken verarbeitet werden. Wir bleiben ein paar Minuten stehen, um den Frauen zuzusehen, wie sie geschickt und schnell die einzelnen Arbeitsschritte ausführen. Die Gestecke werden für religiöse oder rituelle Zwecke verwendet, häufig sieht man sie als Opfergaben vor Geisterhäuschen, Hausaltaren oder in buddhistischen Tempeln stehen.

Aber auch Obst, Gemüse und Gewürze werden auf dem Markt verkauft, große Körbe sind gefüllt mit grünen Bohnen, Kochbananen, Knoblauch, Zwiebeln, Chili, Salaten, Kürbissen und was die thailändische Küche sonst noch an Zutaten benötigt. In den schmalen Gassen der Markthalle sind Käufer mit mannshohen Sackkarren unterwegs, auf denen sie ihre Einkäufe in großen Körben abtransportieren. Je später der Abend, desto voller wird der Markt. Hier decken sich Einzelhändler, große Hotels und Gastronomen ein, mit Blumen überladene Tuk Tuks bahnen sich ihren Weg durch die Straßen. Schwere, süße Aromen liegen in der Luft.

Die Markthalle ist eine autarke Welt mit einer eigenen Infrastruktur. Zwischen den Blumen bieten Stände Essen und Getränke für die Verkäufer und deren Kundschaft an, in einem kleinen Holzverschlag ist ein einfaches Café eingerichtet, davor stehen niedrige Plastikhocker, auf denen man verschnaufen kann. Yves findet ständig neue Fotomotive und auch das angrenzende Stadtviertel mit seiner maroden Altbausubstanz und dem geschäftigen Treiben am Fluss ist eine malerische Kulisse. Schnell vergeht die Zeit und das Gedränge durch die engen Gassen macht uns müde. Für zehn Baht kaufe ich noch ein kleines Gebinde aus lila Orchideen.

Nach zwei Stunden sehen die beiden erschöpft aus und auch mir setzt das enge Treiben langsam zu.

„Wollen wir da drüben im Restaurant am Fluss noch etwas trinken, bevor wir zurückfahren?" schlage ich vor.

„Sehr gern", meint Yves erleichtert. Beide bestellen sich je eine Cola, ich nehme ein kühles Bier gegen den Durst. Meine bevorzugte Biersorte ist *Beer Chang*, Elefantenbier. Bei der Bedienung habe ich extra Eiswürfel bestellt, davon gebe ich jetzt zwei in mein Glas.

„Was machst du denn da? Eiswürfel ins Bier?" wundert sich Anne.

„Klar, sonst ist es ja gleich lauwarm. Außerdem verdünne ich es damit. Thailändisches Radler, sozusagen." Der erste Schluck tut gut nach der vielen Lauferei.

„Eigentlich keine schlechte Idee", meint Yves und nimmt sich von den Eiswürfeln für seine Cola. Entspannt beobachten wir von unserem romantischen Platz direkt am Fluss das rege Treiben vor der Markthalle.

Die gut 250 Kilometer nach Hua Hin kann man entweder mit dem Zug, mit dem Reisebus oder mit dem Minibus zurücklegen. Am bequemsten geht es allerdings mit einem Auto. Da ich mir das Selbstfahren im Linksverkehr noch nicht zutraue, hat Ploy ein Auto mit Fahrer organisiert, der uns im Büro abholt. Anne und Yves sind mit der U-Bahn hergekommen, wir können also am frühen Nachmittag direkt starten. Vom

Büro aus sind wir auch gleich auf der Rama 4 und von dort aus auf der Nationalstraße, die nach Süden führt.

Bis wir dann tatsächlich aus der Stadt heraus sind, dauert es gefühlt eine Ewigkeit. Allein für die ersten Kilometer bis an die Stadtgrenze brauchen wir fast eine Stunde. Die Stimmung wird durch den Thaipop, der aus dem Radio dudelt, nicht besser. Endlich geht die mehrspurige, gebührenpflichtige Schnellstraße in die Nationalstraße über. Jede Fahrtrichtung hat zwei Spuren, die beiden Seiten sind durch einen breiten Grünstreifen getrennt. Wir kommen jetzt schneller voran und überholen immer wieder kleine, übervoll beladene Lastwagen und Pickups.

Nach einem neuen Gesetz der Militärregierung, die seit einigen Jahren in Thailand herrscht, soll jetzt streng geahndet werden, wenn sich während der Fahrt Personen auf der Ladefläche eines Pickups oder Lastwagens aufhalten. Noch scheint das neue Gesetz nicht zur Bevölkerung durchgedrungen zu sein, denn immer wieder sind die offenen Ladeflächen von Personen besetzt. Im Laderaum eines Lastwagens entdecke ich sogar einen Mitfahrer in einer aufgespannten Hängematte schaukeln.

Thailand belegte in früheren Jahren immer einen der vordersten Plätze in der internationalen Unfallstatistik. Als ich vor fünfzehn Jahren in Thailand war, verunglückten allein am Silvesterwochenende mehr als eintausend Menschen im Straßenverkehr. Besonders Unfälle, an denen Pickups oder Minibusse beteiligt sind, fordern viele Verletzte und Todesopfer, Touristen verunglücken besonders häufig mit Motorrollern. Straßenunfälle sind die zweithäufigste Todesursache bei Deutschen in Thailand, erfahre ich von einer Botschaftsmitarbeiterin, die ausschließlich Todesfälle bearbeitet. An erster Stelle steht Herzversagen, häufig in Zusammenhang mit Alkohol, Medikamenten oder Drogen. Die Kombination von Viagra, Sex und Alkohol ist hier also wahrlich ein echter Killer.

Inzwischen tauchen neben der Straße die ersten Felder auf. Allerdings sind diese Felder nicht grün, sondern weiß oder komplett mit Wasser bedeckt, denn hier wird Meersalz gewonnen. Wir fahren durch die Provinz Samut Sakhon. Am Straßenrand reihen sich mobile Verkaufsstände aneinander, die Salz in Säcken abgepackt verkaufen, dazwischen stehen Straßenhändler, die auf großen flachen Korbtabletts kleine getrocknete Fische anbieten. Häuser und Geschäfte sind dicht bis an die stark befahrene Straße gebaut, Bewohner und Haustiere scheinen vom starken Verkehr völlig unbeeindruckt. Zwischen den Siedlungen wechseln sich große Industrieflächen mit modernen Einkaufszentren ab. Später tauchen in der Ferne Berge auf, langsam wird das Land grün, und nachdem wir an einer Gabelung den Abzweig Richtung Süden genommen haben, säumen zunehmend Kokospalmen, Bananenstauden und Reisfelder die Straße. Es tut gut, die Stadt hinter sich zu lassen und ich spüre deutlich, wie meine innere Anspannung langsam nachlässt.

Schließlich halten wir zum Tanken an einem Rastplatz, Anne muss zur Toilette.

„Denk dran", sage ich, „es gibt kein Papier und keine Seife."

Auf die örtlichen Besonderheiten habe ich sie schon vorbereitet. Yves verritt sich die Beine und schaut, was die Straßenstände anbieten.

„Ich hole uns etwas Obst für die Fahrt. Möchte jemand einen Eiskaffee oder grünen Eistee zum Mit-

nehmen? Die sind sehr lecker und machen munter",
preise ich die typischen Eisgetränke an, die man fast
überall günstig bekommt. An dieser Raststätte lockt
mich die von mir bevorzugte Marke *Amazon* mit einem
besonders starken Eiskaffee.

„Ich probiere mal einen grünen Eistee", ruft mir
Anne noch im Gehen hinterher.

Bepackt mit zwei eisgekühlten Getränken und
jeweils einer kleinen Tüte frische Ananas, Papaya und
Wassermelone komme ich zum Auto zurück und wir
setzen die Fahrt fort, vorbei an Phetchaburi, wo ein
Kloster imposant auf dem Berg direkt am Meer thront.
Kurz darauf verraten die zahlreichen Hochhäuser, die
in Richtung Meer stehen, dass wir uns dem touristischen Badeort Cha-Am nähern. Bis Hua Hin dauert es
jetzt keine halbe Stunde mehr. Hier gibt es keine In-
dustrieansiedlungen, dafür umso mehr touristische
Angebote wie Streichelzoos mit Lamas, Schafen und
Ziegen und natürlich jede Menge Einkaufszentren.
Hotels und Ferienanlagen wuchern weit ins Hinterland
hinein. Bei meinem letzten Besuch um die Jahrtau-
sendwende war das hier alles offenes Ackerland, das
noch mit Wasserbüffeln bewirtschaftet wurde. Thailand hat sich seither rasant verändert und einen
enormen Modernisierungsschub erfahren. Die Hin-
weisschilder der Hotels in verschiedenen Sprachen
weisen darauf hin, dass vor allem auch Japaner und
Chinesen hier Urlaub machen.

Das Resort, in dem wir zwei Bungalows gemietet
haben, liegt ganz am anderen Ende, außerhalb des
Stadtzentrums. Wir haben also Gelegenheit, uns beim
Durchqueren einen ersten Eindruck von Hua Hin zu

machen. Die Stadt ist sehr lebendig, in der Hauptstraße reihen sich Geschäfte an Restaurants, Hotels und Ferienanlagen. Wirkte der Ort vor fünfzehn Jahren noch ruhig und etwas verschlafen, ist er jetzt aus seinem Dornröschenschlaf erwacht. An jeder Ecke wird gebaut.

Hua Hin ist Urlaubsort für gut situierte Thai, bekannt für seine Luxushotels und zahlreichen gepflegten Golfanlagen. Außerdem haben sich hier sehr viele Ausländer niedergelassen, die ihren Lebensabend in Thailand verbringen und die sich die vergleichsweise hohen Preise leisten können. Denn aufgrund seines Publikums sind sowohl die Immobilienpreise als auch die Lebenshaltungskosten hier deutlich höher als etwa im Isan und stehen der Metropole Bangkok in nichts nach. Neben zahlungskräftigen Deutschen, Schweizern und Skandinaviern sind vor allem Japaner vor Ort. Russische Touristen bevorzugen nach wie vor eher Pattaya an der gegenüberliegenden Küste. Die Klientel trägt auch dazu bei, dass Prostitution in Hua Hin eine eher untergeordnete Rolle spielt. Wer als Sextourist nach Thailand kommt, macht Station in Bangkok, Pattaya oder Phuket. Ein Grund mehr für mich, Hua Hin den Vorzug als Wochenendziel zu geben.

Die Anlage unseres Resorts ist liebevoll gepflegt und liegt in einem idyllisch eingewachsenen tropischen Garten. Die im traditionellen Thaistil erbauten Bungalows mit Spitzdach sind in Form einer Acht um zwei Außenpools gruppiert, insgesamt sind es nur neunzehn Häuser, die mit den Jahren Patina und Charme gewonnen haben. Zur schmalen Straße hin liegen das kleine Restaurant und die Rezeption. Wir werden freundlich begrüßt und können gleich unsere

Bungalows beziehen. Die Häuser stehen auf Stelzen, es führt eine kleine Treppe auf den Balkon vor dem Eingang. Am Aufgang steht jeweils ein traditioneller Wasserbehälter aus Keramik, damit man sich die Füße waschen kann, bevor man das Haus betritt. Innen sind die Häuser geschmackvoll eingerichtet, der Fußboden ist aus dunklem Tropenholz.

Nach unserer Ankunft verabreden wir erst einmal eine Stunde Pause. Anschließend wollen wir gemeinsam hinunter zum nahen Strand gehen und den Sonnenuntergang anschauen. Schnell ist mein kleiner Koffer ausgepackt und ich lege mich auf das bequeme, breite Bett, wo ich sofort in tiefen Schlaf falle.

Die Fähigkeit zu diesem kurzen, aber sehr erholsamen Schlaf habe ich von meinem Vater geerbt und sie ist ein wahrer Segen. Wann immer ich im Urlaub oder am Wochenende die Gelegenheit habe, nehme ich mir diese kurze Auszeit, die mich am Abend ein, zwei Stunden länger fit hält. Und so bin ich auch jetzt nach einer Viertelstunde wieder wach und fühle mich frisch und erholt. Ich ziehe meinen Bikini an, um eine Runde im Pool zu schwimmen. Als ich vor meinen Bungalow trete, sehe ich auf der Terrasse nebenan meine große Schwester auf der gepolsterten Bank liegen, mit einem Buch in der Hand, aber ebenfalls im Tiefschlaf. Die Verwandtschaft ist tatsächlich nicht zu leugnen.

Das Wasser im Schwimmbecken ist warm und, wie überall in Thailand, stark gechlort. Aber ich genieße es, langsam auf dem Rücken schwimmend, in den Himmel zu schauen und den Vögeln in den Bäumen zuzuhören. Über mir hängen auslandende Zweige einer Mimose, direkt neben dem Pool leuchten große rote Hibiskusblüten. Kein Mensch ist zu sehen, die anderen Gäste sind in der Stadt oder am Strand unterwegs. Ich lege den Kopf auf den Beckenrand und schaue ins Grüne. Der Garten ist liebevoll mit kleinen Figuren dekoriert, zwischen den Pflanzen verstecken sich tönerne Liebespärchen, Schildkröten, Gänse, Wasserbüffel, Hasen und Frösche. Und da entdecke ich doch tatsächlich einen echten kleinen Drachen! Ein kleines Chamäleon, das regungslos am Stamm einer Palme klebt und seine Augen in alle Richtungen dreht, auf der Suche nach Insekten. Für einen Moment komme ich mir vor wie im Paradies.

Eine weitere Gemeinsamkeit haben wir Schwestern, der unbedingte Wunsch nach einem Kaffee am Nachmittag. Und so empfängt mich Anne nach dem Schwimmen mit frisch gebrühtem Instant-Kaffee aus der Minibar.

„Schau mal, was ich mitgebracht habe", strahlt sie und hält mir eine Dose vor die Nase. Selbstgebackene Weihnachtsplätzchen, das ist eine echte Überraschung! Vor der Urlaubsreise hat sie bei unserer Mutter noch eine Auswahl der Familienplätzchen abgeholt, insgesamt sind es in diesem Jahr fünfzehn verschiedene Sorten geworden. Die ganze Familie backt, inzwischen beteiligen sich auch schon meine Nichten und Neffen und probieren gerne mal neue Rezepte aus. Ich freue mich besonders über die traditionellen Familienplätzchen, die Wickelkinder und Zimtsterne, das Spritzgebäck und vor allem das Zibebenbrot, ein traditionelles Rezept meiner Großmutter mit Mandeln, Rosinen, Korinthen und dunkler Schokolade gebacken.

„Oh, wie lecker! Das war ja eine super Idee."

Die Überraschung ist gelungen, gemeinsam futtern wir genüsslich die ersten Weihnachtsplätzchen in tropischer Hitze.

„Die schmecken einfach immer, egal ob es draußen schneit oder dreißig Grad sind. Und sogar mit
Instantkaffee."

Nach der Kaffeepause schlendern wir die kleine
Straße runter zum Meer. Es ist Ebbe und der Strand
liegt breit und ziemlich leer vor uns. An diesem kilometerlangen Strandabschnitt tummeln sich keine Son-
nenanbeter auf Liegestühlen, auch ist das Meer hier
sehr flach und kaum zum Schwimmen geeignet. Der
Strand lädt vielmehr zu Aktivitäten wie Volleyball,
Jetski, Bananenbootfahren oder langen Spaziergängen
ein. Gegen Abend kommen Thaifamilien hierher. Kinder planschen am Strand und bauen Sandfiguren, Jugendliche spielen Fußball.

„Guck mal, die baden ja in Jeans und T-Shirt!"
Anne bemerkt eine Gruppe junger Thai, die sich in
voller Montur im flachen Wasser vergnügen. Einige
tragen tatsächlich Langarmshirts.

„Die schützen sich vor der Sonne. Keiner hier
will dunkle Haut haben", kläre ich auf. „Thai finden es
total verrückt, dass wir Europäer uns halbnackt in der
Mittagshitze stundenlang in die pralle Sonne legen. Als
ich meinen Studenten erzählt habe, dass die Deutschen
in Sonnenstudios gehen, haben sie tatsächlich gedacht,
ich erzähle Märchen!"

Den Strand links herunter geht es in Richtung
Stadtmitte, nach rechts geht es zum Khao Takiap, einem Felsen, der direkt ins Meer abfällt und auf dem
ein Kloster und ein Fischrestaurant zu einem Besuch
einladen.

„Habt ihr Lust, die Aussicht über die Bucht von
da oben zu genießen? Wir könnten dort auch etwas
essen", schlage ich vor.

„Wie lange laufen wir dorthin?" Yves ist noch unentschlossen, zu Fuß in der Hitze zu laufen ist nicht seine Sache.

„So etwa eine halbe Stunde, schätze ich. Die Aussicht wird dich belohnen!" versuche ich ihn zu motivieren.

Zu dritt machen wir uns auf den Weg, unterwegs gibt es schöne Fotomotive wie die bunten Fischerboote auf dem Strand, die Yves von der Hitze ablenken. Die schmale Straße den Berg hinauf bringt uns alle dann doch noch ins Schwitzen, aber als wir schließlich am Restaurant ankommen und einen Tisch mit traumhaftem Ausblick auf die Bucht und das Farbenspiel im Sonnenuntergang bekommen, sind die Anstrengungen schnell vergessen.

„Wollen wir morgen etwas unternehmen oder verbringen wir den Tag in der Stadt?", fragt Anne beim Essen.

„Wir könnten eine Tour machen, entweder eine organisierte im Minibus, oder wir mieten ein Auto und machen etwas, was von den Reisebüros nicht angeboten wird", schlage ich vor. „Vielleicht sollten wir etwas unternehmen, für das wir nicht wieder so lange im Auto sitzen müssen. Eine Tour in den Nationalpark Khao Sam Roi Yot vielleicht? Das ist etwa nur eine halbe Stunde südlich von hier mit dem Auto. Von den Berggipfeln hat man eine tolle Aussicht, außerdem kann man Höhlen besichtigen. In einer steht ein kleiner Pavillon, der durch ein Loch in der Höhlendecke in ein mystisches Licht getaucht wird." Dort war ich vor fünfzehn Jahren schon einmal, mache die Tour aber gerne wieder.

„Allerdings sind die Fußwege etwas beschwerlich, und ich kann mich noch daran erinnern, dass man auf dem Weg in die Höhle etwas klettern muss. Yves, was meinst du? Ist das okay für dich, bei der Hitze auf Berggipfel zu steigen?"

Begeisterung kann ich nicht in seinem Gesicht erkennen.

„Oder wollt ihr morgen lieber noch einen Tag am Strand und in der Stadt verbringen?"

Mir wäre ein Ausflug in die Natur lieber, kaum etwas habe ich in den vergangenen vier Monaten in der Stadt mehr vermisst. Abgesehen von Treffen mit Freunden. Außerdem bin ich keine Sonnenanbeterin und spätestens nach zwei, drei Stunden wird mir das Herumliegen am Strand langweilig.

„Wir könnten auch in die Berge zum Pala-U Wasserfall fahren. Das Gebiet liegt direkt an der Grenze zu Myanmar."

Die Entscheidung fällt uns nicht ganz leicht, aber schnell ist klar, dass Strand und Stadt keine Option sind. Nach kurzem Für und Wider entscheiden wir uns für eine Tour zum Nationalpark Pala-U. Zurück im Resort organisiert die Rezeptionistin für uns noch drei Plätze im Minibus, für halb neun ist am nächsten Morgen die Abfahrt geplant.

Zum Frühstück wünschen wir uns erst einmal frohe Weihnachten, aber bei knapp dreißig Grad kommt nicht wirklich weihnachtliche Stimmung auf. Nach dem Weihnachtshype in Bangkok bin ich froh, dass zumindest hier in der Ferienanlage auf Weihnachtsdeko verzichtet wurde. Pünktlich um halb neun werden wir zur Tour abgeholt, im Minibus sind wir sieben Personen plus Fahrer, außer uns fahren noch ein japanisches Pärchen und zwei Skandinavierinnen mit. Es geht direkt nach Westen in die Berge, der Wasserfall liegt in der Grenzregion zu Myanmar. Nach einer guten Stunde auf teilweise schlechter Wegstrecke kommen wir am Nationalpark an. Auf der Tour haben wir keinen Reiseführer, wir können uns frei bewegen und treffen die Gruppe erst wieder am Nachmittag um halb vier am Minibus.

Jetzt am Wochenende ist schon viel los, vor allem Familien machen sich mit vollgepackten Taschen auf den Weg in den Park zum Picknick. Für Thailänder ist der Besuch der Nationalparks kostenlos, Ausländer zahlen ein paar Euro Eintritt. Wir orientieren uns erst einmal auf der großen Wandkarte. Yves hat gestern noch im Internet recherchiert.

„Vielleicht machen wir die Tour unabhängig voneinander, denn wenn ich Fotos mache, brauche ich mehr Zeit. Das wird doch langweilig für euch."

Der Wasserfall hat fünfzehn Stufen, die nach oben hin immer schwieriger zugänglich sind, bis Stufe drei kommt man nach Aussagen im Internet noch ohne sportlichen Einsatz. Wir verabreden, dass wir jeweils auf der nächsten Stufe warten, bis wir wieder zusammen sind, um dann spontan zu entscheiden, ob wir weitergehen.

Der Fußweg führt seitlich am Wasser entlang, die manchmal glitschigen Felsen bilden oft sehr hohe Stufen. An schwierigen Stellen sind Seile angebracht, an denen man sich festhalten kann, stellenweise muss man durch das Wasser hindurch auf die andere Seite waten. Das ist sicher keine Tour für Familien mit kleinen Kindern. Viele Thai haben sich daher schon auf der ersten und zweiten Stufe zum Picknick niedergelassen, auf dem Pfad nach oben werden es immer weniger

Leute. An einer Wasserstelle flattern Hunderte bunter Schmetterlinge durcheinander.

Auf Stufe drei bietet ein Kiosk Verpflegung an, und ich glaube erst an eine Sinnestäuschung, als ich original deutsche Gummibärchen in der Auslage sehe! *A warm welcome from Germany!* Davon muss ich ein Foto machen, um meinen Studenten deutsche Kulturspuren im Pala-U Nationalpark zeigen zu können!

"Swasdee khaa. Anni ben kanom jerman, aroy mai?" Lachend zeige ich auf die Gummibärchen und frage den jungen Kioskverkäufer, ob die deutschen Süßigkeiten gut schmecken.

"Mai ru, mai gin." Verschmitzt antwortet er: „Ich weiß nicht, ich hab sie noch nicht probiert." Beim Lächeln blitzen seine weißen Zähne.

"Choop kanom thai mai?" Ob er thailändische Süßigkeiten mag?

"Mai choop. Wan maak." Nein, antwortet er, die sind sehr süß. Das erklärt natürlich seine perfekten Zähne.

Es macht Spaß, ein bisschen auf Thai zu plaudern und es überrascht mich immer wieder, dass ich auch tatsächlich verstanden werde. Damit der freundliche Verkäufer mit den schönen Zähnen auch etwas Umsatz macht, kaufe ich drei Flaschen Wasser und Kekse. Auf der Verpackung ist eine Ananas abgebildet, die Kekse sehen aus wie Butterkekse, jeweils zwei sind mit Ananasmarmelade aneinandergeklebt. Die thailändische Antwort auf die Prinzenrolle. Und in der Tat schmecken sie sehr süß.

An der dritten Stufe machen wir Rast und kühlen uns in einem der natürlichen Wasserbecken ab. Herrlich, das Wasser ist frisch und absolut klar. Um auf die nächste Stufe zu kommen, muss man auf einer Leiter nach oben klettern. Das ist ja fast wie im Buddhismus, geht es mir durch den Kopf, je höher nach der Wiedergeburt die Lebensform ist, desto anspruchsvoller wird es. Jetzt am Mittag ist es schon ziemlich schwül.

„Was meint ihr? Wollen wir noch weiter nach oben gehen?" frage ich die beiden.

„Wie viel Zeit haben wir denn noch? Wir müssen ja um halb vier wieder unten sein, und vielleicht essen wir dann auch noch eine Kleinigkeit. Wenn wir jetzt noch eine Stunde weiterlaufen, haben wir noch gut zwei Stunden bis zur Rückfahrt."

„Ich bleibe noch ein bisschen hier und mache Fotos." Yves hat seine Entscheidung getroffen.

„Dann lass uns doch in etwa einer Stunde wieder hier treffen und gemeinsam nach unten gehen. Bis dahin kann jeder noch ein bisschen herumklettern", schlage ich vor.

So machen wir es, und zusammen mit Anne klettere ich die Leiter hinauf nach oben, bis wir auf der vierten Stufe sind, auf der in einem großen Becken bunte Karpfen ruhig ihre Bahnen ziehen. Im Dezember ist Trockenzeit und es hat seit Wochen nicht geregnet, weshalb der Wasserfall eher kümmerlich ist. Aber die Natur und die Ruhe um uns herum sind mir wichtiger als spektakuläre Wassermassen.

Langsam machen wir uns schließlich wieder gemeinsam an den Abstieg, die Hitze und die körperliche Anstrengung hat uns müde gemacht. Ich bin nass geschwitzt und mein Gesicht glüht hochrot. Unten am Parkeingang haben wir noch ausreichend Zeit, uns eine erfrischende Cola zu gönnen und dem Markttreiben zuzuschauen. Nach einem kurzen Blick auf das karge Angebot der einfachen Restaurants verzichten wir auf ein Essen. Müde schaukeln wir im Minibus zurück, auf der Rückfahrt schlafen wir erschöpft ein.

Zurück im Resort bleibt gerade noch Zeit zu duschen, bevor wir mit dem kostenlosen Shuttleservice in die Stadt fahren. Auf dem Nachtmarkt wollen wir bummeln und etwas essen. Der Markt ist mitten in der Stadt in einer Straße aufgebaut, die ab Einbruch der Dunkelheit zur Fußgängerzone wird und dann vollgestellt ist mit Verkaufsständen. Der Hunger treibt uns in eines der ersten Restaurants, die ihre Tische auch auf den Gehwegen aufgestellt haben.

„Das ist ja nicht zu fassen, da ist ja Klopapier drin!" Ungläubig untersucht Anne den Inhalt eines runden Plastikspenders auf dem Tisch, aus dem der Anfang einer Toilettenrolle heraushängt. Toilettenpapier ersetzt in Restaurants häufig die Papierservietten und es gibt passende Behälter dafür, mal einfache aus Plastik, mal edlere aus geflochtenem Material, die oben ein Loch haben, damit man nach Belieben von der Endlosrolle abzupfen kann.

„Ja, auf den Toiletten wirst du kaum welches finden, dafür umso mehr auf Restauranttischen. Das ist schon ein bisschen verrückt." Ich studiere die Speisekarte, auf der vor allem Fisch und Meeresfrüchte angeboten werden.

Hua Hin ist berühmt für alles, was aus dem Meer gefischt wird, vor allem für seine blauen Krabben, Krebse, Muscheln und Meeresschnecken, aber leider ist das nichts für Anne mit ihrem vegetarischen Gaumen. Leider scheidet bei ihr auch scharfes Essen aus.

„Möchtest du nicht mal was anderes essen als immer nur gebratenes Gemüse oder gebratenen Reis?

Probier' doch mal *Som Tam*, einen thailändischen Salat aus grüner Papaya. Den kann ich dir auch ohne getrocknete Shrimps bestellen."

Annes Blick verrät, dass ihr nicht nach Experimenten ist. In dieser Hinsicht zeigt sich unsere Verwandtschaft absolut nicht.

„Oder das Nationalgericht *Pad Thai*? Das sind gebratene Nudeln mit Tofu, Ei und Erdnüssen obendrauf, absolut nicht scharf und sehr lecker." Ich gebe noch nicht auf.

„Ja, das könnte ich vielleicht mal probieren."

Na, also. Mit Yves teile ich eine Platte mit gegrillten Garnelen, Fisch und Muscheln. Das Essen kommt schnell, ist absolut frisch und köstlich. Ich kann sehr gut verstehen, dass das Essen in Thailand eine so große Bedeutung hat. Für mich ist es eine der besten und vielfältigsten Küchen der Welt!

Leider kommt der Sonntag und damit die Rückfahrt nach Bangkok viel zu schnell. Noch vor sechs Uhr klingelt mein Wecker, weil ich den Sonnenaufgang am Meer sehen möchte. Die Morgendämmerung bricht schon herein, ich muss mich beeilen. Zum Strand begleiten mich ein paar Hunde aus der Nachbarschaft, wie es aussieht, haben sie sich zur gemeinsamen Morgenrunde verabredet. Ausgelassen tollen sie am Strand um mich herum. Auf einer Mauer sitzend schaue ich auf den nachtblauen Horizont, der sich zunehmend in violettblauen Farbenspielen aufhellt. Eine schmale Wolkenbank hängt direkt über dem Horizont, ihre Schleier werden von goldgelbem Schimmer durchzogen. Es bilden sich immer neue, phantasievolle Formen, als würden Engel mit ihren Flügeln schlagen.

Von rechts höre ich rhythmisches Singen, aber es sind keine Engel, die, kurz nachdem ich die ersten Töne wahrgenommen habe, an mir vorbeisprinten, sondern ein Trupp Soldaten im Gleichschritt und in voller Ausrüstung. Die kräftigen jungen Männer sind um diese frühe Uhrzeit schon beim Training. Aus Zeitungsberichten weiß ich, dass der Militärdienst in Thailand wahrlich keine Spaßveranstaltung ist, immer wieder kommt es zu mysteriösen Todesfällen unter jungen Rekruten, bei denen wohl nicht selten Aufnahmerituale eine Rolle spielen. Nicht weit von hier ist ein militärisches Trainingscamp, direkt am Meer gelegen. Ihren Humor haben die Soldaten aber offenbar nicht verloren, ein paar drehen die Köpfe zu mir hin und lachen, ich winke zurück.

Immer mehr Sonnenstrahlen bahnen sich ihren Weg durch die Wolkenformation. Es dauert kaum zehn Minuten, bis die Sonne hinter dem Horizont aufgestiegen ist. Sofort wird es heiß. Anstatt zum Resort zurückzugehen, mache ich mich zu einem letzten Strandspaziergang zum *Khao Takiap* auf. Am Fuß des Berges setze ich mich auf einen großen Stein, mein Blick geht auf das offene Meer hinaus. Die Fischerboote, die bis jetzt draußen waren und mit ihren grünen Lichtern die Nacht erhellt haben, kommen zurück. Ihr Hafen liegt auf der anderen Seite des Felsens, dort laden sie ihre Fracht aus, die ganz frisch an die Kundschaft verkauft wird.

Plötzlich kommen aus dem Gebüsch hinter mir zwei Affen hervor. Als sie mich sehen, halten sie kurz inne, setzen dann aber ohne Scheu ihren Weg dicht an mir vorbei fort. Der Felsen ist bevölkert von großen Affenhorden, die im Tempel Futter bekommen. Ich behalte die beiden im Auge, denn die an Menschen gewöhnten Tiere sind dreist und oft aggressiv, nicht selten springen sie Menschen an, manche sind bissig. Die beiden Exemplare hier machen allerdings einen friedlichen Eindruck und laufen zum Strand hinunter. Einen Moment lang schaue ich ihnen noch nach und genieße die friedliche Stimmung, bevor ich zurückgehe.

Anne und Yves fliegen am nächsten Tag weiter nach Kambodscha, wo sie vier Tage Angkor Wat, die sagenhafte Tempelanlage der Khmer, besuchen werden. Der Abschied macht mich etwas wehmütig, gerne wäre ich mitgefahren, aber morgen hat mich erst einmal der ganz normale Alltag wieder.

Karaoke und kühle Nebelschwaden

DIE GUMMIBÄRCHEN IM NATIONALPARK haben mich auf eine Idee gebracht. Ich erzähle Ploy und Tobias, unserem deutschen Praktikanten, von meiner Entdeckung am Kiosk.

„Dabei ist mir die Idee gekommen, dass wir einen Fotowettbewerb machen könnten, zum Thema ‚deutsche Spuren in Thailand'. Es gibt so viele Dinge hier, die mit Deutschland zu tun haben. Jeder, der uns ein Foto schickt, das irgendwie mit Deutschland oder deutscher Kultur zu tun hat, nimmt an der Auslosung teil. Wir setzen ein paar attraktive Preise aus, ein Kilo Gummibärchen oder ein Bildband über Deutschland, vielleicht bekommen wir auch Unterstützung von deutschen Firmen. Was meint ihr?"

Fragend schaue ich die beiden an. Meine Absicht ist dabei auch, ein sinnvolles Projekt für Tobias anzustoßen, das er eigenverantwortlich betreuen kann.

„Das wäre doch ein schönes Projekt für dich. Überleg dir doch mal, wie wir das in den sozialen Netzwerken bewerben können."

Ploy scheint vor allem erleichtert, dass es keine zusätzliche Aufgabe für sie ist und unterstützt meinen Vorschlag.

„Ja, das finde ich auch interessant. Viele Leute wissen gar nicht, was alles in Thailand mit Deutschland zu tun hat. Zum Beispiel der Bahnhof, oder die Nationalhymne."

„Was hat denn der Bahnhof und die Nationalhymne mit Deutschland zu tun?" fragt Tobias erstaunt.

„Das Bahnhofsgebäude wurde von einem deutschen Architekten entworfen. Und die Melodie der Nationalhymne stammt von einem deutschen Komponisten." Diese Fakten erwähnt Ploy auch gern bei ihren Vorträgen in Schulen, um den Zuhörern die historischen Verbindungen zwischen beiden Ländern zu verdeutlichen.

„Also, seid ihr damit einverstanden, dass wir das machen?" frage ich noch einmal. Beide nicken zustimmend.

„Tobias, dann mach dir doch mal Gedanken, wie man das umsetzen könnte. Also, eine Art Fahrplan, was wann zu machen ist und Angaben, wie wir das organisieren. Dann sprechen wir nächste Woche deinen Projektplan durch und legen los."

Tobias ist über das Freiwilligenprogramm *Kulturweit* vermittelt worden und unterstützt uns ein halbes Jahr im Büro. Er hat einen Bachelorabschluss und will erst einmal Auslandserfahrung sammeln, bevor er ein Masterstudium anschließt. Zu seinen Aufgaben gehört vor allem die Redaktion unserer Auftritte in sozialen Medien, die Inhalte sprechen wir wöchentlich ab.

Von Kollegen in anderen Ländern hatte ich gehört, dass die Zufriedenheit mit den jeweiligen Kulturweit-Praktikanten sehr unterschiedlich ist. Viele verstehen den Aufenthalt eher als Urlaubszeit, die sich gut im Lebenslauf macht, vor allem wenn sie das Praktikum direkt nach dem Abitur anschließen. Aber Tobias ist recht engagiert und ich schätze sehr, dass man ihm Aufgaben übertragen kann, die er verantwortungsvoll umsetzt.

Leider neige ich dazu, neben den sowieso anstehenden Aufgaben immer neue Projektideen zu entwi-

94

ckeln und mache mir damit noch zusätzlich Arbeit. So ist das auch mit dem großen Projekt, für das ich momentan viel organisieren muss. Von meinem Kollegen in Shanghai habe ich vor meiner Abreise beim Austauschtreffen in Bonn erfahren, dass er die Kinderuniversität nach China geholt hat. Kinderuniversitäten werden seit vielen Jahren in Deutschland mit der Idee durchgeführt, Kinder frühzeitig für Wissenschaft und Forschung zu begeistern. In China war es ein voller Erfolg. Und so habe ich meiner Kollegin Ampha, die sehr gute Kontakte zur Kronprinzessin hat, davon erzählt und bin auf offene Ohren gestoßen.

Kronprinzessin Maha Chakri Sirindhorn ist bei ihren Landsleuten ungemein beliebt und bekannt für ihr soziales Engagement, vor allem auch im Bildungsbereich. Als Ampha ihr bei passender Gelegenheit von der Kinderuni erzählte, war sie sehr interessiert und beauftragte ihr Büro, Kontakt zu uns aufzunehmen. Und an diesem Punkt stehen wir gerade und überlegen, wie wir den Wissenstransfer initiieren und unterstützen können.

Für Thailand geht es dabei vor allem um die Förderung der Naturwissenschaften, denn wie auch in Deutschland studieren hier immer weniger Schulabgänger diese Fächer, der Trend geht mehr und mehr zur Betriebswirtschaft. Momentan bin ich damit beschäftigt, Kontakt zu Experten in Deutschland aufzunehmen und zu klären, ob sie bereit wären, eine Delegation aus Thailand zu schulen und eventuell auch an der Durchführung hier vor Ort mitzuwirken. Dafür müssen viele E-Mails hin und her geschrieben und Telefonate geführt werden, aber aktuell sieht es so aus, als könnten wir zwei thailändische Bildungsexpertinnen für eine Woche zum Austausch nach Deutschland schicken.

Für das Projekt ist vor allem die ideelle Unterstützung der Prinzessin wichtig, um die Kooperationspartner ins Boot zu bekommen, denn natürlich sind die Universitäten des Landes erst einmal nicht unbedingt begeistert davon, zusätzliche Aufgaben zu übernehmen. Um allen Beteiligten den hohen Stellenwert des Projektes zu verdeutlichen und diesem die notwendige Aufmerksamkeit zu verschaffen, ist ein Abendessen im Palast der Prinzessin geplant, an dem auch die Präsidenten der wichtigsten Hochschulen Thailands teilnehmen werden.

Nach dem langen Bürotag beschließe ich, zu Fuß nach Hause zu gehen, um die hektische Rushhour zu vermeiden und noch ein bisschen Bewegung zu bekommen. Ich gehe zur MRT-Station, doch anstatt den Massen in den U-Bahn-Schacht zu folgen, nutze ich die Station lediglich als Durchgang unter der Hauptstraße Rama 4 hindurch, die zu überqueren für Fußgänger im Feierabendverkehr lebensgefährlich ist. Schon bin ich am Eingang des Lumphini Parks, der um diese Uhrzeit stark besucht ist. Jogger umrunden den Park auf einem asphaltierten Laufweg gegen den Uhrzeigersinn. Wie auf einer Eisbahn drehen Hunderte Läufer ihre Runden. Ich gehe an der Ostseite des Parks entlang bis zum nächsten Ausgang, dort beginnt ein Rad- und Fußweg, der über das letzte verbliebene historische Altstadtviertel in diesem Stadtbezirk führt. Versteckt zwischen dem luxuriösen Geschäftsviertel Pathumwan, dem Touristenzentrum Sukhumvit und dem Botschafts- und Bankenviertel Sathorn schmiegen sich direkt hinter dem imposanten Anwesen der japanischen Botschaft einige wenige hundert Häuschen dicht an dicht, viele davon noch im traditionellen Stil aus Holz gebaut.

Vom Radweg aus hat man einen guten Überblick über das Viertel und kann in die jetzt am Abend offen stehenden Fenster im ersten Stock in die Häuser sehen. Das Erdgeschoss wird meist komplett von einem Laden ausgefüllt, weshalb die Häuser auch *Shophouses* heißen. Im oberen Stockwerk sind die Wohnräume, wobei es bei einem klassischen Shophouse keine wirkliche Trennung zwischen Wohnen und Arbeiten gibt. Häufig wird im Verkaufsraum am Abend eine Matte ausgelegt, auf der ein oder mehrere Familienmitglieder schlafen. Auch habe ich schon gesehen, dass die Großmutter in einem Bett im Laden untergebracht ist, damit man sich rund um die Uhr um sie kümmern kann. Die Kinder wachsen in dieser Umgebung, in der alle nah beieinander sind, ganz selbstverständlich mit der Aufsicht und Fürsorge aller Nachbarn auf. Jeder kennt jeden und für einen Plausch hat immer jemand Zeit.

Jetzt am Abend ist der Radweg erstaunlicherweise fast menschenleer. Einige Ausländer fahren mit sportlichen Fahrrädern umher, vereinzelt kommen mir Jogger entgegen. Ein paar Bewohner aus der Nachbarschaft führen ihre Hunde spazieren. Die Stimmung ist friedlich, die Silhouetten der Hochhäuser sind ganz nah und erscheinen doch unwirklich. Die niedrigen Häuser des alten Viertels stehen eng beieinander, aber dazwischen ist noch Platz für Bananenstauden, Papayabäume und Mimosen, die Baumkronen spenden Schatten. Überhaupt ist Bangkok von oben betrachtet eine erstaunlich grüne Stadt. Unter dem Radweg fließt ein offener Kanal, daneben führt eine kleine Gasse entlang, auf der reges Treiben herrscht. Der Alltag findet hier außerhalb der Häuser statt, auf der Straße wird gekocht, Münzwaschmaschinen stehen bereit, eine Schneiderin sitzt vor dem Haus an ihrer Nähmaschine. Fünf kleine Jungen planschen in einem aufblasbaren Wasserbecken, Nachbarn plaudern entspannt miteinander. Von oben hat man einen direkten Blick auf das Treiben, ohne durch die eigene Anwesenheit zu stören. Ich fühle mich wie in einer Theateraufführung.

Am Ende der Siedlung führt der Radweg eine steile Rampe hinauf, es geht über die breite Schnellstraße hinweg, unten tost auf acht Spuren der Verkehr. Trotz des Lärms bleibe ich kurz stehen und spüre den leichten Wind, der gegen Abend aufkommt. Von hier aus kann ich mein Wohnhaus sehen, das kleine hässliche graubraune Entlein zwischen all den schönen Schwänen, den neuen schicken Hochhäusern in der Nachbarschaft. Auf der anderen Seite setzt sich der Radweg am Rand der Tabakfabrik fort und ich gehe über eine kleine Brücke, die auf die andere Seite des Kanals führt und direkt in die Straße meines Wohnkomplexes übergeht.

In einer dreiviertel Stunde bin ich vom Büro nach Hause gelaufen, viel schneller schaffe ich es mit öffentlichen Verkehrsmitteln auch nicht. Allerdings bin ich durch und durch nass geschwitzt und sehne mich nach einer kühlenden Dusche.

Ein paar Tage später gehe ich wieder zu Fuß nach Hause, aber anstatt über die Fußgängerbrücke, gehe ich nun direkt durch die Gassen des alten Viertels. Als ich von der Whittayu Road, die zur teuersten Gegend in Bangkok zählt, in die kleine Gasse einbiege, tauche ich in eine andere Welt ein. Die enge Straße ist von Geschäften gesäumt, für Autos und Motorroller ist kaum ein Durchkommen. Die Gasse biegt nach links und wird zur engen Marktstraße, die nahezu komplett durch die Vordächer der Häuser überdacht wird. Die Konstruktionen hängen tief und ich muss aufpassen, dass ich mir nicht aus Versehen den Kopf an einem vorstehenden Brett oder einem herausragenden Nagel stoße. Jetzt bin ich nicht mehr unbeteiligte Zuschauerin, sondern ich bewege mich mittendrin im Leben der Leute. Die breiten Türen der Häuserfronten sind geöffnet und geben den Blick auf das ganz private Leben frei. Mütter schimpfen mit ihren Kindern, die Bewohner sitzen vor dem Fernseher, essen gemeinsam oder schlafen auf Stühlen. Katzen und Hunde liegen zwischen den Auslagen der Geschäfte, Kinder spielen, Paare streiten.

Von der schmalen Marktstraße, in der alles angeboten wird, was man im Alltag benötigt, führen noch engere Gassen in dunkle Tiefen hinein. An den Häuserecken hängen immer wieder Feuerlöschgeräte, ein Brand würde bei der Enge sofort auf die umliegenden Häuser übergreifen und schnell das ganze Viertel in Schutt und Asche legen. Ich komme zum Kanal, der unter der Fußgängerbrücke entlang führt, sein Wasser ist zähflüssig, schwarz und voller Müll. Quer über das Wasser führen einfache Holzplanken zu den Häusern am anderen Ufer, sie machen keinen sehr stabilen Eindruck. Die Bewohner des Viertels begegnen mir freundlich und erwidern mein Lächeln mit einem Gruß, die Kinder rufen mir fröhlich *farang, Ausländer,* hinterher.

Die Menschen hier sind nicht arm, wie man auch an den Autos erkennen kann, die in den kleinsten Nischen parken. Ich kann verstehen, dass sie hier ihr soziales Zusammenleben, ihre Gemeinschaft bewahren wollen, anstatt in anonymen Hochhäusern zu leben. Die Heidelberger Altstadt kommt mir in den Sinn, in deren engen Gassen ich viele Studienjahre verbracht habe. Auch wenn es hier nicht so repräsentativ saniert und touristentauglich ist, sollte man dieses Stadtviertel schützen und bewahren. Den Bewohnern wünsche ich, dass ihnen der Zusammenhalt noch lange erhalten bleiben möge. Allerdings hege ich meine Zweifel, wenn ich sehe, wie rasant sich die Stadt und das ganze Land in den letzten Jahren entwickelt haben. Allein das Bauland, auf dem dieses Viertel steht, ist Millionen Euro wert und sicherlich schon im Blick der Investoren.

Auch das nächste Wochenende ist verplant, am Samstagmorgen startet die Tour ins alljährliche Sprachcamp der Deutschabteilung. Die Studenten organisieren den Ausflug eigenständig und bekommen dafür ein Budget von der Abteilung. Das halbe Kollegium fährt mit. Es ist für alle eine willkommene Abwechslung und eine gute Gelegenheit, sich mal abseits vom Lehrbetrieb kennenzulernen und auszutauschen. Zwar bin auch ich gespannt auf das kleine Abenteuer, andererseits verzichte ich ungern auf mein Wochenende und die Möglichkeit, mich vom Trubel der Arbeitswoche zu erholen und mich per Skype mit Freunden und Familie auszutauschen. Aber natürlich habe ich nicht lange gezögert, als die Studenten mich gefragt haben, ob ich mitkomme.

Unser Bus ist ein moderner, doppelgeschossiger Reisebus mit allen Raffinessen, außen bunt bemalt mit kunstvoller Airbrush-Technik. Mein Platz ist oben ganz vorne an der Frontscheibe, neben mir sitzen die Kolleginnen Wilita und Aratee und hinter mir Ampha, die es sich trotz ihres Seniorenstatus nicht nehmen lässt, die Tour mitzumachen. Unten bevölkern die Studenten den geräumigen Loungebereich mit weichen Polsterbänken, der große Tisch ist übervoll mit Knabbereien und Getränken. Alles, außer Alkohol natürlich, da gelten strenge Regeln. Es wäre undenkbar und würde sicherlich einen Verweis nach sich ziehen, wenn die Studenten vor ihren Ajarns Alkohol konsumieren würden. Was sie in ihrem Privatleben tun, ist eine andere Geschichte.

Ziel der Reise ist ein Resort nördlich von Bangkok in der bergigen Region Saraburis. Dort soll es so kühl sein, dass morgens Nebelschwaden über das Land ziehen. Ich bin gespannt. Erst einmal gilt es aber, die Fahrt unbeschadet an Leib und Seele zu überstehen, denn kaum hat sich der Bus in Bewegung gesetzt, wird die Karaokeanlage in Betrieb genommen und bis zur Ankunft zwei Stunden später schallen schriller Thaipop und ausgelassenes Gelächter lautstark durch den Bus. Eigentlich wollte ich in Ruhe ein Buch lesen, die Landschaft genießen und ein bisschen vor mich hin dösen, aber da habe ich die Rechnung ohne das Leitmotto der Thai gemacht: *sanuk maak*, viel Spaß!

Im Resort angekommen, werden erst einmal die Zimmer und Bungalows verteilt. Es ist ein weitläufiges Gelände mit einem Haupthaus und Nebengebäuden, die kleinen Häuschen stehen verteilt etwas abseits. Wir Dozenten werden in den Bungalows untergebracht, wobei sich die thailändischen Kolleginnen ein Häuschen zu zweit teilen. Für mich steht ein eigener Bungalow zur Verfügung, was mir sehr recht ist. So habe ich wenigstens ein bisschen Privatheit. Schon als ich die Tür öffne, schlägt mir der muffige, abgestandene Geruch nach Mottenpulver entgegen, der für einfache Unterkünfte in Thailand so typisch ist. Der Bau ist schon ziemlich in die Jahre gekommen, im Bad riecht es nach Schimmel. Was soll's, denke ich mir, ich habe schon schlimmer übernachtet, vor allem bei meinen Reisen in China vor Jahrzehnten, als ich in Schlafsälen untergekommen bin, in denen die Bettwäsche nicht immer nach einem Gastwechsel gewaschen wurde. Hier ist es zwar einfach, aber sauber, im kleinen Bad kann ich duschen und habe eine eigene Toilette.

Bis alle untergekommen sind und sich eingerichtet haben, ist schon Zeit für das Mittagessen. Wir sind über fünfzig Personen und die einzigen Gäste in der Anlage, im Speisesaal ist exklusiv für uns ein Büfett aufgebaut. Wie häufig in Thailand sind auch in unserer Gruppe Personen, die aus religiösen Gründen kein Rindfleisch oder Schweinefleisch essen, daher sind die Gerichte ausschließlich mit Huhn, Fisch, oder vegetarisch mit Eiern und Gemüse zubereitet. Wie in Thailand üblich, ist für reichlich Verpflegung gesorgt.

Danach beginnt die Arbeit. Jeder Jahrgang bekommt Aufgaben gestellt, die in Gruppen bearbeitet werden müssen. Das sind unter anderem kleine Theatersketche, eine Rally, bei der an mehreren Stationen verschiedene Aufgaben gelöst werden müssen, oder auch das Verfassen kurzer Geschichten, Gedichte oder Märchen. Wir Lehrkräfte übernehmen die Betreuung und stehen unterstützend zur Seite, denn alle Aufgaben sind auf Deutsch zu bearbeiten. Die Studenten haben bis zum Abend Zeit, nach dem Essen sollen die ersten Ergebnisse präsentiert werden, die übrigen dann am Sonntagvormittag.

Vor dem Abendessen hat das Organisationsteam noch sportliche Aktivitäten im Freien geplant, und alle sind froh, sich nach der Anfahrt und der geistigen Betätigung austoben zu können. Einige finden sich zum Volleyball zusammen, andere spielen *takraw*, ein traditionelles thailändisches Ballspiel, bei dem zwei Teams gegeneinander spielen. Ziel ist, einen kleinen, aus Rattan geflochtenen Ball mit den Füßen, Knien oder dem Kopf möglichst lange in der Luft zu halten. Der Ball darf dabei weder die Hände noch den Boden berühren. Die gegnerische Mannschaft versucht, den Ball zu bekommen. Es ist eine sehr schnell gespielte Sportart, die einiges Geschick und gutes Reaktionsvermögen verlangt.

Viele der Studierenden sitzen aber auch einfach nur herum und beschäftigen sich mit ihren Smartphones. Wie in allen Kulturkreisen hat sich die Nutzung von mobilen Kommunikationsgeräten in Thailand rasant durchgesetzt und erschreckende Ausmaße angenommen. Im Gehen werden Nachrichten geschrieben und Spiele gespielt, ohne den Blick zu heben, die Umgebung und andere Verkehrsteilnehmer werden gar nicht beachtet. Nicht selten sieht man Familien oder eine Gruppe schweigend im Restaurant am Tisch sitzen, jeder ist mit seinem Smartphone beschäftigt. Mopedfahrer telefonieren, während sie mit einer Hand durch den dichten Verkehr steuern, Fahrgäste in der MRT und BTS schauen nur noch stur auf ihre Displays und sind mit Spielen oder Chatten beschäftigt. Neulich saß ich in einem Restaurant und wurde nicht bedient, weil die Servicekräfte alle an der Theke standen und mit ihren Mobilgeräten herumspielten.

Auf das Abendessen folgt das Unterhaltungsprogramm. Draußen wurde eine professionelle Bühne für uns aufgebaut, mit Soundanlage und allem drum und dran. Die Show beginnt mit Karaoke, und weil die Studenten einfach nicht locker lassen, komme ich um eine Darbietung nicht herum. Das einzige Lied, das ich im Repertoire kenne, ist *Dschinghis Khan* von der gleichnamigen Band, ein Hit aus den 1970ern. Ich gebe mein Bestes und bin erleichtert, als die letzten Akkorde aus der Karaokeanlage erklingen. Umgehend verlasse ich die Bühne, bevor sie mir noch eine weitere Darbietung abverlangen.

Alle feiern ausgelassen bis in den späten Abend hinein, auch jetzt gibt es keinen Alkohol. Zu späterer Stunde lasse ich mich mit den Kolleginnen noch auf ein Ratespiel ein. Wir stehen auf der Bühne hinter einem Vorhang und imitieren Tierstimmen, das Publikum muss raten, welches Tier und welcher Tierimitator hinter der Stimme steckt. *Sanuk maak!* Das macht Spaß!

Der nächste Tag beginnt schon kurz nach Sonnenaufgang um sieben Uhr mit Fitness. Als ich ins Freie trete, umfängt mich kühle Morgenluft, und tatsächlich hängen feine Nebelschwaden über dem Boden. Erstaunt stelle ich fest, dass mich die deutlich abgekühlten Temperaturen frösteln lassen. Frieren in Thailand, das ist mal eine ganz neue Erfahrung! Ich folge dem schmalen Weg hinunter um das Hauptgebäude herum, dort steht schon Fa auf der Bühne, eine Studentin aus dem dritten Jahr, die als Animateurin versucht, alle zum Mitmachen zu bewegen. Vor ihr haben sich schon etwa zwanzig Studenten versammelt, die sich noch etwas schlaftrunken zur lauten, rhythmischen Musik bewegen. Einige von ihnen sind noch im Schlafanzug, den sie auch später zum Frühstück nicht ablegen. Andere haben ihre Zahnbürste im Mund und putzen zur Musik ihre Zähne. Privatsphäre definiert sich hier tatsächlich anders als in unserem Kulturkreis.

Am Vormittag sind alle noch müde, die Präsentationen laufen schleppend. Sicherlich hatten die Studenten wenig Schlaf. Die meisten sind gemeinschaftlich in einem Schlafsaal untergebracht, Unmengen von Schuhpaaren türmen sich vor dem Eingang. Da war sicherlich an Schlafruhe nicht zu denken. Vor dem Mittagessen finde ich noch etwas Zeit, mich mit einer Tasse Instantkaffee in die schöne Gartenanlage zurückzuziehen, um die schriftlichen Arbeiten zu korrigieren. Ampha gesellt sich zu mir.

„Und, wie findest du denn unsere Studenten?", fragt sie mich neugierig.

Ampha hat, im Gegensatz zu den Kolleginnen, eine sehr direkte Art und einen kritischen Geist, der immer wieder hervorbricht. Sie ist hoch geachtet und sehr beliebt, sowohl bei den Studenten, als auch im Kollegium, ihr zu widersprechen verlangt hingegen gute Argumente.

„Sie haben gut gearbeitet", antworte ich. „Manche haben unglaublich kreative Ideen entwickelt. Aber ich war etwas geschockt von den teils brutalen Inhalten der Geschichten."

In den kleinen Theateraufführungen kamen wiederholt sehr gewalttätige Szenen vor, da wurde geschlagen und vergewaltigt.

„Ja, das ist erschreckend, nicht?" erwidert Ampha. „Das kommt durch die Computerspiele, glaube ich. Und durch das Fernsehen. Hast du schon mal thailändisches Fernsehen gesehen? Jeden Tag kommen diese *sopa operas*, diese Serien, und die Geschichten sind entweder brutal oder romantisch. Kein Wunder, dass die Kinder das übernehmen."

Nach dem Mittagessen verbleiben noch knapp zwei Stunden bis zur Abfahrt. Zum Abschluss gibt es noch Auszeichnungen für die besten Gruppenergebnisse. Wir Lehrkräfte ziehen uns in der Funktion als Jury kurz zur Beratung zurück. Obwohl Thailand keine ausgeprägte Leistungsgesellschaft ist und berufliche Positionen und Karrieren häufig durch gute Beziehungen erlangt werden, gehören Wettbewerbe im Schul- und Studienalltag dazu. Immer wieder treten Teams gegeneinander an, um sich im spielerischen Wettkampf zu messen. Die Preisverleihung geht denn auch mit fröhlichem Gejohle einher, den Gewinnern ist anzumerken, dass sie sich wirklich über die Auszeichnungen freuen.

Auf der Rückfahrt sind alle erschöpft, die Karaokeanlage bleibt stumm, aus den Lautsprechern kommt gedämpfte Musik. Dankbar über die Ruhe döse ich bis zur Ankunft in Bangkok vor mich hin und hoffe, heute Abend noch genug Energie aufbringen zu können, um den Unterricht für morgen früh vorzubereiten.

Schmerz, lass nach!

MIR IST EIN STÜCK ZAHN ABGEBROCHEN und ich muss dringend zum Zahnarzt. Ich frage Wilita, ob sie mir einen guten Zahnarzt empfehlen kann.

„Geh am besten zum Zahnklinikum der Chula, die sind sehr gut und nicht so teuer wie die privaten Zahnärzte hier in Bangkok."

Sie erklärt mir, wo das Klinikum ist, und ich mache mich noch am selben Nachmittag auf den Weg dorthin.

An der Anmeldung bekomme ich nach dem Ausfüllen eines Formulars erst einmal eine computerlesbare Patientenkarte. Leider ist die Zahnärztin, die mir Wilita empfohlen hat, in dieser Woche nicht da, aber ich habe keine Wahl, der Zahn muss schnell repariert werden. Ich werde in ein Behandlungszimmer geschickt und muss nicht lange warten bis der Zahnarzt kommt. Er trägt ein Namensschild, aber leider ist es auf Thai. Sein Englisch ist mager, wir können uns nicht gut verständigen. Ich deute auf den Kiefer unten links, er wird schon sehen, was los ist. Er inspiziert die Zähne und prüft mit dem Instrument die marode Füllung.

"Ok, need to x-ray first", entscheidet er dann, wobei er *first* wie *firt* ausspricht.

Wie in ihrer eigenen Sprache neigen Thai dazu, Wörter im Englischen zu verkürzen, Silben zu verschlucken oder Buchstaben anders auszusprechen. Ein *r* wird dann zu *l* und umgekehrt, wodurch mein Name häufig eine witzige Bedeutungsveränderung erfährt, denn *Carolin* wird dann zu *Kalorien*, und nicht selten werde ich mit *Dr. Kalorien* angesprochen. Auch erhielt ich schon Briefe, die an *Dr. Calorien* adressiert waren.

Also erst einmal röntgen. Ich folge den Hinweis-schildern zur Röntgenabteilung, die zum Glück auch auf Englisch geschrieben sind. Dort muss ich nicht lange warten. Das Röntgengerät ist modern und wird von der Assistentin routiniert bedient. Mit der fertigen Aufnahme in der Hand gehe ich zurück in das kleine Behandlungszimmer, neben dem Behandlungsstuhl liegt auf einem kleinen Tablett schon eine Spritze bereit.

"Please, no amalgam filling. I had them all replaced already", kann ich noch sagen, bevor ich den Mund wieder aufmachen muss. Schon vor einigen Jahren habe ich sämtliche Amalgam-Füllungen ersetzen lassen.

Der Zahnarzt legt sofort mit dem Bohrer los. Kurz wundere ich mich, warum er nicht erst die Spritze setzt, aber dann ergebe ich mich in mein Schicksal. Die Füllung geht sehr tief und es wird äußerst schmerzhaft. Ich versuche so gut es geht, mich in Gedanken vom Schmerz und diesem Ort zu entfernen, aber es gelingt mir nicht wirklich. Na gut, denke ich, dann habe ich wenigstens nach der Behandlung nicht stundenlang das Theater mit einer dicken, betäubten Backe.

Das Loch wird sorgfältig gefüllt und nach einer Stunde bin ich fertig und ziemlich erledigt, mein Kopf fühlt sich taub an, der Nerv des behandelten Zahns pocht wie wild. Es wird noch Tage dauern, bis er sich wieder einigermaßen beruhigt haben wird. Jetzt muss ich die Behandlung gleich noch an der Kasse bezahlen. Ich ziehe eine Wartenummer und setze mich, noch leicht benommen, auf einen der Plastikstühle. Als ich drankomme und meine Rechnung in der Hand halte, bin ich über die geringen Kosten erstaunt. Die einzelnen Positionen sind genau aufgelistet, das Röntgen hat 80 Baht gekostet, für die ganze Behandlung werden weniger als zwanzig Euro fällig. Da wird sich meine deutsche Krankenversicherung freuen, wenn ich den Beleg einreiche. Aber jetzt erst einmal nichts wie nach Hause und hinlegen.

Der Februar scheint unter keinem guten Stern zu stehen, jedenfalls was meinen Gesundheitszustand angeht. Wahrscheinlich trägt auch dazu bei, dass ich in den letzten Monaten zu viel gearbeitet habe, viel unterwegs war und nachts nicht gut schlafen kann. Jedenfalls habe ich schon seit Wochen Probleme mit den Neben- und Stirnhöhlen, die inzwischen so entzündet sind, dass ich um einen Arztbesuch und Antibiotika nicht herumkommen werde. Auslöser sind die Klimaanlagen. Vor allem in den Unterrichtsräumen stehe ich vorne an der Tafel immer im direkten Luftstrom, da die Anlagen über der Tafel montiert sind. Meine Versuche, die Studenten davon zu überzeugen, die Anlagen ab und zu mal auszuschalten, sind unter dem Stöhnen und Ächzen, das wenige Minuten nach Abschalten der Klimaanlage einsetzte, kläglich gescheitert. Zwar trage ich immer einen Schal gegen den kühlen Luftzug, aber offensichtlich schützt mich diese Maßnahme nicht genug. Jetzt sind meine Augen geschwollen und mein Kopf fühlt sich so dumpf an, dass ich beschließe, zum Arzt zu gehen.

In Thailand geht man zum Arzt in ein Krankenhaus oder in ein *medical center*, in dem mehrere Ärzte gemeinsam praktizieren. Einzelpraxen wie in Deutschland sind eher die Ausnahme. Bei mir um die Ecke ist das große Bumrungrad Hospital, ein Privatkrankenhaus mit internationalem Publikum, vor allem aus arabischen Ländern. Im Bericht eines deutschen Wirt-schaftsanalysten habe ich gelesen, dass der Medizin-tourismus in Thailand boomt, über zwei Millionen Ausländer kommen pro Jahr extra für eine medizini-sche Behandlung hierher. Die Ärzte sind gut ausgebil-det, viele haben im Ausland studiert, in den USA, Japan, Australien oder auch in Deutschland.

Meinen Termin vereinbare ich über das Internet, dort sind auf der Webseite des Krankenhauses unter ‚Find a Doctor' alle Ärzte mit ihren Behandlungsgebie-ten, Angaben zur Ausbildung, Sprachkenntnissen und Sprechstunden verzeichnet. Die Ärzte praktizieren nicht ausschließlich am Bumrungrad, sondern sind dort nur an bestimmten Wochentagen, die übrige Zeit arbeiten sie an staatlichen Krankenhäusern. Lukrati-ver ist natürlich die privatärztliche Tätigkeit.

Unter ‚Specialty' wähle ich ‚Ear, Nose, Throat' für HNO, und dann noch die Unterrubrik ‚Nose & Sinus Problems', also alles Rund um Nase und Nebenhöhlen, genau, was ich brauche. Jetzt kann ich entweder direkt einen Arzt aus der Liste auswählen, oder ich gebe mei-nen Terminwunsch an, dann wird ein verfügbarer Arzt angezeigt. Ich schaue die Liste der Spezialisten durch und stoße auf Dr. Kanchana, eine Chula-Absolventin, die einen Teil ihres Studiums in Deutschland absol-viert hat. Das Bild zeigt eine ältere Frau, die resolut, aber durchaus sympathisch wirkt. Für morgen, Frei-tagnachmittag um vier Uhr, kann ich einen Termin bei ihr bekommen. Die Ärzte praktizieren auch an den Wochenenden, es wäre also kein Problem, sonntags einen Arzttermin zu vereinbaren. Für Erstpatienten gibt es ein Anmeldeformular, das ich schon im Voraus von der Webseite herunterladen und ausfüllen kann.

Mein Wunschtermin wird am nächsten Morgen per E-Mail bestätigt und so mache ich mich nachmittags zu Fuß auf den Weg ins Krankenhaus. Es ist ein großer Komplex aus mehreren Gebäuden, in der schmalen Zufahrt stehen die Taxen im Rückstau bis auf die Straße, aus jedem Fahrzeug steigen Patienten aus. Im Erdgeschoss sieht es aus wie in einem Einkaufszentrum, ein Starbucks bietet seine überteuren Kaffeespezialitäten an, daneben ist ein Blumenladen. Wie eine Hotellobby empfängt der Anmeldebereich die Patienten, ich komme schnell an die Reihe und erhalte auch hier eine computerlesbare Chipkarte mit Foto, das gleich hier mit der Computerkamera aufgenommen wird.

Bis zu meinem Termin bei Dr. Kanchana habe ich noch eine halbe Stunde Zeit. Die HNO-Abteilung liegt in einem anderen Gebäude, mit einer Rolltreppe gelange ich zunächst in den ersten Stock, dort versorgt ein Food Court Patienten und Besucher mit Essen und Getränken. Thailand ist ein Serviceparadies, für alles ist hier gesorgt, es gibt Kioske mit internationalen Büchern und Zeitschriften, Cafés, Informationsstände und Geldautomaten. Service hat schließlich seinen Preis und will auch bezahlt sein.

Die Kundschaft kommt aus allen Ländern. Auf den langen Gängen begegnen mir arabische Großfamilien, Inder, Burmesen (die an den langen Wickelröcken erkennbar sind, mit denen sich burmesische Männer kleiden), Chinesen, Europäer, Australier, US-Amerikaner. Es sind Touristen, die während ihres Urlaubsaufenthaltes krank werden, ausgewanderte Rentner und in großer Anzahl Medizintouristen, die eine gute Behandlung zu vergleichsweise günstigen Preisen für die ganze Familie wünschen.

Neben der Zahnheilkunde ist vor allem die plastische Chirurgie in Thailand weit entwickelt und hat weltweit einen ausgezeichneten Ruf. Spezialisiert ist man hier vor allem auf Schönheitskorrekturen, Fettabsaugen oder Geschlechtsumwandlungen mit allen begleitenden Operationen, wobei es hierbei meist um die Transformation von einem männlichen zu einem weiblichen Körper geht. Privatkliniken bieten im Internet und in Tageszeitungen Rundum-Sorglos-Pakete mit *hot promotions*, im Sonderangebot sind *liposuctions*, *tummy tuck surgery*, *breast enlargement surgery* oder eben die radikale *gender change surgery*. So ist beispielsweise für rund 13.000 US Dollar eine medizinische Behandlung im Angebot, mit Ausformung einer künstlichen Vagina, Hotelaufenthalt für zwölf Nächte, inklusive wahlweise einer kostenlosen Zahnreinigung oder einer Gesichtsbehandlung sowie einer Stadtführung. Dem Schönheitskult oder der Verwirklichung transsexueller Lebenswünsche scheinen medizinisch kaum Grenzen gesetzt.

Das Bumrungrad Hospital ist allerdings nicht auf diese Services reduziert und bietet das gesamte medizinische Behandlungsspektrum an. In der HNO-Abteilung angekommen, melde ich mich mit meiner neuen Servicekarte bei der Rezeption. Meine Daten sind schon im System hinterlegt, eine Assistentin fragt nochmals meinen Namen und das Geburtsdatum ab, um sicherzugehen, dass ich auch tatsächlich zu den Angaben auf dem Bildschirm passe.

"Please, take a seat in the waiting area."

An der Rezeption arbeiten mehrere Assistentinnen, auch hier herrscht Sprachenvielfalt. Hin und wieder weist ein Kopftuch die Trägerin als Muslima aus.

"Miss Calorin, please!"

Kaum habe ich mich gesetzt, werde ich schon aufgerufen. Allerdings geht es noch nicht ins Behandlungszimmer, sondern erst einmal auf die Waage und zum Messen. Gewicht, Körpergröße und Blutdruck werden bei jedem Arztbesuch routinemäßig erfasst. Dann wieder zurück in den Wartebereich, der wie eine Hotellobby mit bequemen Polstermöbeln ausgestattet ist. Es gibt kostenlos Wasser, Säfte sowie Zeitschriften und Zeitungen in mehreren Sprachen, an der Wand hängt ein großer Flachbildschirm, auf dem Nachrichten laufen.

"Miss Calorin, please!"

Wieder höre ich meinen Namen und folge der jungen Assistentin in das überraschend kleine Arztzimmer. Die Ärztin sitzt am Schreibtisch vor ihrem Monitor, als ich eintrete.

„Sawasdee khaa, guten Tag, Dr. Kanchana", sage ich zur Begrüßung.

„Sawasdee khaa, guten Tag! Sie sind Deutsche?" Sie schenkt mir ein feines Lächeln, als sie mir langsam antwortet und sich zu mir wendet.

„Ja", antworte ich, „und Sie haben in Deutschland studiert, habe ich im Internet gelesen."

Für ihre Antwort lässt sie sich einen Moment Zeit, sie überlegt, sucht nach den passenden Wörtern.

„Ich habe in Bonn studiert, aber das ist schon sehr lange her. Fast vierzig Jahre. Ich habe mein Deutsch schon vergessen."

Sie wirkt so sympathisch wie auf dem Foto, ich schätze sie auf Mitte sechzig.

„Leben Sie in Bangkok?"

„Ich arbeite für den DAAD, den Deutschen Akademischen Austauschdienst und leite das Büro hier in
Bangkok."

Ein breites Lächeln hellt ihr Gesicht auf.

„Ich hatte ein Stipendium vom DAAD für mein
Studium in Deutschland. Ich freue mich, Sie kennenzulernen! Wie kann ich Ihnen helfen?"

Ich schildere meine Beschwerden und Dr.
Kanchana untersucht mich sehr gründlich. Ihre an-
fängliche Zurückhaltung, Deutsch zu sprechen,
schwindet zunehmend und sie scheint sich über die
Gelegenheit zu freuen, ihren verloren geglaubten
Sprachschatz neu zu entdecken. Ihre Diagnose nach
der Untersuchung überrascht mich nicht, eine heftige
Nebenhöhlenentzündung, die mit Antibiotika behandelt werden muss. Dr. Kanchana schreibt im Computer
Rezepte aus, die ich direkt in der Apotheke des Krankenhauses abholen kann.

„Kommen Sie wieder, wenn es in den nächsten
Tagen nicht besser wird. Alles Gute!"

Sie reicht mir ihre Hand zum Abschied. Eine
Mitarbeiterin der HNO-Abteilung macht sofort die
Abrechnung fertig, mit einem Zettel und einer darauf
notierten Nummer gehe ich zur Kasse in die zweite
Etage. Fünf Kassenschalter reihen sich nebeneinander,
eine elektronische Ansage ruft die Nummern in meh-
reren Sprachen auf, die auch auf einem Bildschirm
angezeigt werden. Mehrere Stuhlreihen bilden einen
Wartebereich, aber es dauert nicht lange, bis meine
Nummer aufgerufen wird.

Ich zahle mit Kreditkarte, für die Behandlung
und die Medikamente ungefähr siebzig Euro, wobei
allein die Tabletten mehr als die Hälfte des Gesamtbe-
trages ausmachen und damit mehr als das Arzthono-

rar. Mit dem Beleg gehe ich zur Apotheke und bekomme eine kleine Papiertasche in die Hand gedrückt, gefüllt mit kleinen Plastiktütchen. Zu Hause angekommen, zähle ich neun verschiedene Medikamente, einzeln verpackt und jeweils mit meinem Namen und den Einnahmehinweisen versehen. Nach Beipackzetteln suche ich jedoch vergeblich, die Tabletten kommen aus Großpackungen und wurden für meine Behandlung exakt abgezählt. Also bemühe ich das Internet, gebe jede Medikamentenbezeichnung einzeln ein und suche nach Informationen. Da bin ich ein ganz typisch deutscher Kontrollfreak, schließlich will ich wissen, was ich alles einnehme und welche Nebenwirkungen mich eventuell erwarten.

Wichtig sind die Antibiotika, die habe ich schnell identifiziert. Dann gibt es noch Antihistamine, wahrscheinlich, damit ich besser schlafen kann. Außerdem noch ein Medikament, das die Schwellung der Nasenschleimhäute lindern soll. Dann ist noch ein Vitaminpräparat dabei und etwas, das mich morgens munter machen soll. Ich beschließe, mit den Antibiotika und ein, zwei weiteren Präparaten anzufangen, die direkte Linderung meiner Entzündung versprechen, alles andere packe ich erst einmal zurück in die Papiertasche.

Am nächsten Abend geht es mir schon deutlich besser und ich bin zumindest wieder so fit, dass das mit Steffi verabredete Treffen tatsächlich stattfinden kann. Steffi habe ich beim Weihnachtsempfang der Botschaft kennengelernt. Der Botschafter hatte die nette Idee, im Garten der Residenz einen kleinen Weihnachtsmarkt mit Buden aufzubauen, es gab selbstgebackene Plätzchen und Weihnachtsbasteleien von Schülern der deutschsprachigen Schule. Und es gab Glühwein! Es war so heiß, dass die Herren kurzerhand ihre Jacketts in einen Baum hängten. Beim zweiten Glühwein sind Steffi und ich uns dann über den Weg gelaufen. Mir fiel gleich ihr extravaganter Schmuck auf, den sie zu einem engen roten Kleid trug und ich sprach sie darauf an. Es stellte sich heraus, dass sie die Kreationen größtenteils selbst entwirft, in Thailand produzieren lässt und international verkauft. Sie lebt seit fast zehn Jahren in Bangkok und kann sich nicht mehr vorstellen, nach Deutschland zurückzukehren. Kurz nach unserem ersten Zusammentreffen besuchte ich sie in ihrem Laden, um mir ihre Kollektion anzuschauen.

Wir sind im gleichen Alter und leben beide allein, das ist schon eine gute Basis für einen freundschaftlichen Austausch. Heute treffen wir uns zum zweiten Mal zum Essen, in einem spanischen Restaurant bei mir in der Nähe, wo es leckere Tapas und guten Wein gibt. Alkohol lasse ich heute allerdings besser sein, auch ist mein Appetit nicht besonders groß.

„Du siehst etwas angeschlagen aus.", begrüßt mich Steffi.

„Ja, ich habe eine heftige Nebenhöhlenentzündung, hier schau mal, das ist alles noch ganz geschwollen unter den Augen. Aber ich bin auf dem Weg der Besserung, seit ich Antibiotika nehme. Bin leider nicht drum herum gekommen. Gestern war ich im Bumrungrad."

Jeder Ausländer, der als Expat in Bangkok lebt, kennt das Bumrungrad Hospital.

„Unglaublich, was die Ärztin mir alles an Medikamenten verschrieben hat. Sie hat übrigens in Deutschland studiert und wir konnten uns auf Deutsch unterhalten, das hat gleich das Eis gebrochen."

Steffi schaut mit prüfendem Blick in mein Gesicht.

„Stimmt, man sieht die Schwellung noch ein bisschen. Das mit den vielen Medikamenten, daran verdienen die Privatärzte noch zusätzlich Geld. Viel hilft viel, ist die Devise. Nimmst du das denn alles?"

„Nein, ich hab schon aussortiert."

Die Kellnerin kommt und wir vertiefen uns erst einmal in die Karte.

„Wie wäre es mit den gesalzenen Kartoffeln mit Knoblauchdip?" fragt Steffi.

„Sehr gern!"

So sehr ich thailändisches Essen liebe, Kartoffeln fehlen mir tatsächlich manchmal. Im Supermarkt bekommt man zwei Kartoffeln, abgepackt in einem Tütchen, für umgerechnet etwa einen Euro. Außerdem einigen wir uns auf gebratenen Tintenfisch, Oliven und Käse mit Quittenpaste. Viel werde ich sowieso nicht essen.

„Wie läuft es denn gerade bei dir?" frage ich, nachdem die Kellnerin die Bestellung aufgenommen hat und wieder verschwunden ist.

„Frag nicht." Steffi verdreht die Augen. „Bei mir wurde vor zwei Wochen eingebrochen. Sie haben meine Kasse mit den Wocheneinnahmen geklaut. Ich wollte es abends zur Bank bringen, war vorher nur noch kurz einkaufen, es lag alles schon auf meinem Schreibtisch bereit. Während ich weg war, sind sie bei mir eingestiegen und haben das Bargeld mitgenommen."

„Oh, nein, so ein Mist! War es denn viel Geld?"

„Na ja, ich hatte gerade in der Woche ganz guten Umsatz gemacht. Ein paar tausend Euro." Steffi ist sichtlich genervt.

„Das tut weh! Und, warst du bei der Polizei?"

Sie verzieht das Gesicht auf meine Frage hin.

„Ja, ich habe es gemeldet und sie haben ein Protokoll aufgenommen, aber ich mache mir keine großen Hoffnungen."

Das ist ein herber Verlust, keine Versicherung wird für den Schaden aufkommen. Es ist ein hartes Pflaster, wenn man als Ausländer in Thailand erfolgreich im Geschäftsleben sein will. Steffi ist eine erfahrene und knallharte Geschäftsfrau, aber die Hürden sind enorm. Pro forma muss über die Hälfte der Anteile eines internationalen Unternehmens in thailändischen Händen sein. Ist die Firma erfolgreich, muss man außerdem mit dem Neid des Wettbewerbs rechnen. Steffi vermutet daher hinter dem Einbruch die Konkurrenz. Trotz des Verlustes lässt sie sich nicht den Wind aus den Segeln nehmen.

„Das Schlimmste ist, dass ich mich in den ersten Tagen im Laden nicht mehr sicher gefühlt habe. Jetzt geht es schon wieder besser, aber mir ist wohler, wenn meine Angestellte da ist. Mal sehen, wie sich das entwickelt."

Steffi sieht müde aus.

„Planst du mal Urlaub?" versuche ich sie abzulenken.

„Erst im Sommer, wenn ich nach Deutschland fahre, dann hoffe ich, nach den ganzen Geschäftsterminen ein paar Tage Ruhe zu haben und abschalten zu können."

Zwar arbeiten wir beide viel, aber als eigenverantwortliche Unternehmerin in einem fremden Land ist sie natürlich zusätzlich von der Gefahr des Scheiterns bedroht und die Unwägbarkeiten sind enorm. Steffi hat diese Herausforderung ganz bewusst gewählt und ist glücklich damit. Meistens jedenfalls, wie sie behauptet.

„Hast du deine Entscheidung, dir ganz allein eine Existenz in Bangkok aufzubauen, schon einmal bereut?"

„Nein, niemals", entgegnet sie, ohne auch nur zu zögern.

„Als ich vor vielen Jahren das erste Mal nach Thailand kam war mir klar, dass ich hier leben möchte, egal wie, auch allein. Und damit war auch klar, dass ich was Eigenes machen muss. Ich war schon immer selbständig und könnte mir nicht vorstellen, in einer Firma in festen Strukturen zu arbeiten. Ich mache lieber mein eigenes Ding. Dass das irgendwie funktioniert, da war ich mir sicher."

Ich verstehe genau, was sie meint und bin beeindruckt von ihrer Entschlossenheit und Zielstrebigkeit. Ihre Entscheidung bedeutet im Zweifelsfall auch, ganz alleine zu sein, wenn etwas schief geht. Und wie es im Alter einmal für sie sein wird, in einem Land, in dem ohne Familie ein würdevolles Altern schwierig ist, darüber macht sie sich momentan noch keine Gedanken.

Das Essen kommt und wir widmen uns erst einmal den kleinen Leckereien. Es tut gut, sich außerhalb beruflicher Kontakte auszutauschen. Bevor wir uns nach dem Essen verabschieden – Steffi will noch ein paar E-Mails schreiben – verabreden wir, dass wir uns bald wieder treffen wollen.

In den kommenden Tagen geht es mir dank der Medikamente schnell besser, so dass ich auf einen weiteren Arztbesuch verzichte. Ende Februar stehen Prüfungen an der Uni an, außerdem häufen sich die

Termine im Büro und ich muss einen Tag in den Norden nach Chiang Mai fliegen. Dort treffe ich die Vizepräsidentin der Universität, eine ehemalige DAAD-Stipendiatin. Sie unterstützt mich bei der Planung eines Alumni-Treffens in Nordthailand, den Ablauf möchte ich mit ihr besprechen. Ploy begleitet mich, denn in Thailand ist es wichtig, die Bedeutung der eigenen Position durch Personal zu unterstreichen. So habe ich schon an Meetings teilgenommen, bei denen ich zehn Personen gegenübersaß, von denen geschätzt die Hälfte offenbar keine weitere Funktion hatte, als die Wichtigkeit ihres Vorgesetzten zu demonstrieren. Trete ich allein als Vertreterin meiner Organisation auf, mache ich keinen großen Eindruck.

Ploy hat uns wieder Flüge mit Nok Air gebucht, die Flugzeit nach Chiang Mai beträgt etwas über eine Stunde. Unser Termin an der Universität findet um elf Uhr statt, es genügt also, wenn wir gegen halb elf in Chiang Mai ankommen. Ich darf das Gastgeschenk nicht vergessen! Gastgeschenke sind eine wichtige Geste der Wertschätzung, die im asiatischen Raum weit verbreitet ist. Dabei wird bei offiziellen Terminen von beiden Seiten ein Geschenk überreicht. Und nichts ist peinlicher, als mit leeren Händen vor einem Gastgeber zu stehen, wenn dieser mit einem Geschenk aufwartet. Die Auswahl bereitet bei meinen vielen offiziellen Terminen immer wieder Kopfzerbrechen. Für diese Gelegenheiten haben wir im Büro ein ganzes Schrankfach, in dem sich neben Krawatten und Halstüchern mit DAAD-Logo auch Bildbände über Deutschland und CDs mit klassischer Musik deutscher Komponisten finden, die wir über die DAAD-Zentrale in Bonn bestellen können.

„Was nehmen wir als Gastgeschenk mit?" frage ich Ploy.

„Hm, ich denke, ein Bildband wäre gut. Letztes Mal hatten wir eine CD dabei."

Ploy muss ein gutes Gedächtnis haben, es wäre peinlich, wenn ich mit dem gleichen Geschenk ankäme wie mein Vorgänger, der den letzten Besuch in Chiang Mai vor etwa einem Jahr absolviert hat.

„Und wie wäre es mit einem Halstuch? Das wäre schön klein und leicht." entgegne ich.

„Das ist schwierig, weißt du, wegen der Farben." Ich verstehe nicht, was Ploy meint. „Warum ist das schwierig?"

Ploy holt zwei Halstücher aus dem Schrank, eines in Gelb, das andere in Rot.

„Na ja, weißt du, wir können doch kein Rot oder Gelb schenken. Das ist doch politisch."

Langsam verstehe ich. Die beiden politischen Lager, die sich in Thailand unversöhnlich gegenüberstehen, haben Rot und Gelb als Leitfarben. Es könnte als politische Aussage verstanden werden, ein Halstuch in dieser Farbe zu verschenken.

„Da hast du Recht", antworte ich, „Schade, die finde ich nämlich ganz hübsch und dezent. Die Krawatten sind blau, das würde von der Farbe her passen, aber als Geschenk für eine Dame eignen die sich natürlich nicht. Also okay, nehmen wir einen Bildband und schleppen den mit nach Chiang Mai. Wir müssen ihn noch mit Geschenkpapier einpacken, oder?"

Wichtig bei Gastgeschenken ist, dass man sie verpackt überreicht und auch ja nicht im Beisein des Schenkenden auspackt. Würde man die Geschenke voreinander zeigen, würde derjenige sein Gesicht verlieren, der das minderwertigere Geschenk überreicht hat. Also lässt man es verpackt und bedankt sich über-schwänglich. In den letzten Monaten habe ich schon einige Präsente bekommen, darunter eine Porzellan-tasse mit Rosendekor, eine Zuckerdose, einen Kaut-schukelefanten und ein riesiges Arrangement aus künstlichen Orchideen.

Nach dem Termin mit der Vizepräsidentin wer-den wir am Nachmittag noch die Deutschabteilung besuchen und das Hotel anschauen, in dem die Veran-staltung stattfinden soll. In den letzten Wochen haben wir drei Angebote eingeholt und eine Auswahl getrof-fen, jetzt wollen wir die Details und den Ablauf vor Ort besprechen. Am Abend werden wir zurückfliegen.

Wir starten am nächsten Morgen um kurz nach neun Uhr, der Flug ist ruhig und die Nok-Begleiterinnen sind nett und hilfsbereit, wie schon beim Flug nach Khon Kaen. Zum Frühstück gibt es ein durch und durch süßes Gebäckstück ohne überra-schende Wursteinlage. Als wir über Nordthailand flie-gen, sehe ich zunehmend grüne Hügel und später auch höhere Bergzüge. Wir landen planmäßig um Viertel nach zehn. Der Himmel ist diesig graugelb verhangen, in der Luft hängt ein seltsamer Geruch.

"Ploy, riechst du das auch? Was ist das?" Ich komme nicht drauf, an was mich der Geruch erinnert.

"Das kommt von den brennenden Feldern in den Bergen. Die Bauern machen Feuer, um die Felder für die nächste Saison vorzubereiten. Der Rauch macht die ganze Luft hier schlecht. Das geht zwei, drei Monate so, bis die Regenzeit anfängt und die Luft sauber wäscht."

Von der Brandrodung und dem Qualm hatte ich in der Zeitung gelesen und der Kollege aus Chiang Mai hatte mir auch davon erzählt, aber dass es so schlimm ist, hätte ich nicht gedacht. Die Bewohner in den betroffenen Gebieten leiden inzwischen wohl ziemlich stark unter der Rauchentwicklung, Asthma und Atemwegserkrankungen nehmen in diesen Monaten zu.

Nach kurzer Taxifahrt kommen wir auf dem weitläufigen Gelände der Chiang Mai University an, das direkt neben dem Zoo am Fuße des Doi Suthep liegt, dem Hausberg Chiang Mais. Im Logo der Universität ist ein Elefant mit erhobenem Rüssel auf lila Hintergrund zu sehen. Mit über 35.000 Studenten ist die staatliche Hochschule die größte und bedeutendste in Nordthailand und bietet seit ihrer Gründung in den sechziger Jahren ein breites Studienangebot mit Schwerpunkten in Ingenieur- und Agrarwissenschaften, Naturwissenschaften und Medizin. Auch Deutsch kann man studieren. Seit Jahrzehnten unterstützt der DAAD die Abteilung mit einem Sprachlektorat, momentan ist Kollege Thomas vor Ort, mit dem ich bisher nur telefonisch Kontakt hatte. Bei dem Treffen mit der Vizepräsidentin wird er dabei sein.

Die konstante Förderung des DAAD in den letzten fünf Jahrzehnten hat zu einer beträchtlichen Anzahl Alumni an der Universität geführt, die einen Teil ihrer akademischen Laufbahn in Deutschland absolviert haben. Um die Bindung aufrecht zu erhalten, organisieren wir regionale Alumni-Treffen, bei denen der Austausch und Informationen über Aktivitäten und Angebote des DAAD im Mittelpunkt stehen. Das Treffen in Chiang Mai ist für Juni geplant, aber da im März und April Semesterferien sind, müssen die Vorbereitungen schon jetzt starten.

Ploy und ich sind gut in der Zeit, Thomas ist bereits da und wartet im Vorzimmer auf uns. Es reicht nur für eine kurze Begrüßung, dann werden wir schon zur Vizepräsidentin gebeten, immerhin besteht unsere kleine Delegation jetzt aus drei Personen. Das Büro ist groß und repräsentativ eingerichtet, große Ölgemälde hängen an den Wänden, ein dicker Teppich dämpft unsere Schritte. Unter einem Gemälde des Königs stehen zwei große Polstersessel nebeneinander, daneben jeweils ein breites Sofa mit tiefen Kissen. Die Vizepräsidentin steht vor einem der Sessel, ich begrüße sie mit einem "*Sawasdee khaa*!" und einem respektvollen *wai*, bevor ich ihr nach westlicher Art die Hand reiche.

"Guten Tag, Dr. Carolin. Ich freue mich, Sie hier an der Chiang Mai Universität begrüßen zu dürfen. Herzlich willkommen!", erwidert sie auf Deutsch.

"Guten Tag, Frau Professor. Ich freue mich sehr, Sie kennenzulernen. Vielen Dank, dass Sie sich die Zeit nehmen."

Sie bittet uns Platz zu nehmen, ich sitze neben ihr in einem der großen Sessel, auf der Couch neben mir nehmen Ploy und Thomas Platz, auf der Couch gegenüber zwei Mitarbeiterinnen der Universität. Auf dem niedrigen Tisch vor uns stehen Wassergläser.

Ihrer Erscheinung lässt eine aristokratische Herkunft vermuten, jedenfalls hat sie eine sehr zurückhaltende, aber ausgesprochen vornehme und feine Art. Der Norden Thailands ist das Gebiet des ehemals unabhängigen Lanna Thai Königreichs, das eine eigene Kultur und Sprache hat. *Lan Na* bedeutet *Land der Millionen Felder,* Chiang Mai ist das Zentrum. Das Gebiet zog sich ursprünglich bis ins heutige Südchina hinein, erst Mitte des 18. Jahrhunderts kam der größte Teil unter die Herrschaft Siams, aus dem das heutige Thailand hervorging. Bis heute jedoch haben sich die Bewohner des Nordens ihre Eigenheiten bewahrt. Chiang Mai hat eine einflussreiche, sehr wohlhabende

Oberschicht und ist eine der Hochburgen im Widerstreit gegen das politische Establishment in Bangkok.

Unsere Gastgeberin bittet um Verständnis, dass sie das Gespräch auf Englisch weiterführen wird, ihr Deutsch sei einfach nicht mehr ausreichend für komplexe Gespräche. Sie gibt uns zunächst ein paar Fakten zur Hochschule, zur Entwicklung in den letzten Jahren, den Schwerpunkten in Forschung und Entwicklung sowie zu den internationalen Kontakten. Internationalisierung ist ein wichtiges Thema, Kooperationen wurden in den letzten Jahren vor allem mit chinesischen und japanischen Hochschulen ausgebaut, die Zusammenarbeit mit europäischen Institutionen geht dagegen eher zurück.

Ich habe Unterlagen mit Informationen zu aktuellen Ausschreibungen und Fördermöglichkeiten dabei und informiere über den für das Alumnitreffen geplanten Ablauf. Wir vereinbaren, dass sie das Grußwort zur Eröffnung übernehmen wird. Nach einer knappen Stunde sind wir mit unseren Themen durch, jetzt wird es Zeit für die Gastgeschenke, die immer zum Abschluss eines Treffens überreicht werden. Ploy holt den verpackten großformatigen Bildband aus der Tasche und übergibt ihn mir, ich reiche das Geschenk mit beiden Händen und einer angedeuteten Verbeugung an meine Gastgeberin weiter. Von ihr bekomme ich im Gegenzug ein kleines Kästchen, ebenfalls aufwändig verpackt. Ich nehme es mit beiden Händen entgegen, was ein Ausdruck von Respekt und Wertschätzung ist. Auch Visitenkarten übergibt man aus diesem Grund mit beiden Händen.

"Now let us take a photo, please."

Abschlussakt bei offiziellen Terminen ist häufig ein Foto mit allen Beteiligten, das auf der Homepage der Hochschule veröffentlicht werden wird. Wir verabschieden uns, bereits im Juni werden wir uns wiedersehen.

Bis zum nächsten Termin mit dem Dekan der Neuphilologie und einem kurzen Besuch in der Deutschabteilung bleibt nicht viel Zeit. Zum Mittagessen führt uns Thomas in ein nahegelegenes kleines Restaurant, in dem es die für den Norden typischen fetten Schweinswürste gibt, die schneckenförmig aufgerollt und gebraten sind. Aber wenigstens sind sie nicht im süßen Croissant versteckt! Eilig essen wir und besprechen dabei ein paar Details der Veranstaltung. Thomas ist schon zwei Jahre hier und gibt noch ein paar Tipps, welche Hochschulvertreter wir unbedingt einladen sollten.

Der Besuch beim Dekan der neuphilologischen Abteilung, die alle westlichen und östlichen Sprachen umfasst, zeigt erneut, dass die Beliebtheit westlicher Sprachen rückläufig ist, abgesehen natürlich von Englisch. Chinesisch, Japanisch und Koreanisch sind dagegen auf dem Vormarsch. Die Zahlen und Fakten, die wir danach in der Deutschabteilung hören, bestätigen das. Immer weniger Studierende interessieren sich für Deutsch, die Abteilung mit vier hauptberuflichen Dozenten bangt um ihren Nachwuchs und damit um die Zukunft.

Der Nachmittag rückt voran und wir müssen uns beeilen, damit noch ausreichend Zeit für den Termin im Hotel bleibt. Um halb vier sind wir dort, es ist ein moderner Bau mit einer hohen Eingangshalle, dessen Mitte eine üppige Polstergruppe und ein ausladendes, mannshohes Blumenarrangement einnehmen. Wir werden vom *Sales Manager* begrüßt. Die Gespräche heute mit den vielen Informationen waren anstrengend und ich muss mich sehr zusammenreißen, um meine Müdigkeit zu überspielen. Bei einem sehr guten Cappuccino aus regional angebautem Kaffee gehen Ploy und ich schließlich mit dem *Banquette Manager* noch den geplanten Veranstaltungsablauf durch.

Die Räume, die wir nutzen werden, liegen etwas abseits in einem Seitentrakt des Hotels. Wie in Thailand üblich, haben sie keine Fenster und damit kein Tageslicht, Konferenzen und Tagungen finden bei Kunstlicht und klimatisiert statt. Einen Raum werden wir mit Tischreihen bestuhlt als Vortragsraum nutzen, den zweiten als Speiseraum, in dem zehn runde Bankettische mit jeweils zehn Plätzen aufgestellt werden sollen. Das Büfett wird im vorgelagerten großzügigen Gang aufgebaut werden, dort findet auch die Jazz-Band Platz, die wir engagiert haben. Vor den beiden großen Räumen ist ein separater kleiner Raum, hier können wir unsere Fotoaktion durchführen, bei der ein bestellter Fotograf unsere Gäste mit ihren mitgebrachten Erinnerungsstücken aus Deutschland fotografieren wird. Wir haben diese Aktion landesweit gestartet und alle Alumni zum Mitmachen aufgefordert. Mit den Fotos und kleinen Erinnerungsgeschichten wollen wir im Internet eine Dokumentation erstellen, die dem Engagement des DAAD in Thailand eine persönliche Note geben soll.

Zum Abschluss schauen wir uns noch eines der Zimmer an, das geräumig ist und zu meiner Freude nicht den typisch muffigen Geruch verströmt. Einige der Teilnehmer haben eine weitere Anreise, sie kommen aus Lampang, Lamphun, Pitsanulok oder auch Chaing Rai und werden, wie natürlich auch unser

Team aus Bangkok, im Hotel übernachten. Wir reservieren zwanzig der geräumigen Zimmer, die jeweils über eine kleine Teeküche verfügen. Bis achtzehn Uhr sind alle Fragen geklärt und wir können die Heimreise antreten.

Am Flughafen in Bangkok trenne ich mich von Ploy. Mein Taxifahrer ist redselig und fragt auf Thai, seit wann ich in Bangkok lebe und was ich hier mache.

"Ben kru, passa jerman", ich bin Lehrerin für Deutsch, antworte ich ihm.

Seine nächste Frage verstehe ich nicht und entgegne daher: *"Kho thood, mai khao jai."*

Sein verständnisloser Blick trifft mich im Rückspiegel. Dann schimpft er los. Ich verstehe nur so viel, dass er nicht versteht, warum ich ihn jetzt nicht mehr verstehe, schließlich habe ich doch gerade eben mit ihm noch auf Thai gesprochen.

Für jemanden, der keine Fremdsprache spricht, ist es offensichtlich völlig unverständlich, dass es unterschiedliche Sprachniveaus gibt und dass man sehr wohl nur ein bisschen Thai verstehen und sprechen kann. Ich gebe schließlich entnervt auf, nicht zuletzt, weil ich mich nicht verständlich machen kann. Mein Taxichauffeur bleibt beleidigt und so verbringen wir den Rest der Fahrt schweigend.

You are okay?

IM MÄRZ IST SEMESTERENDE und damit Klausuren-
und Prüfungszeit. Ich beschließe, das Notwendige mit
dem Angenehmen zu verbinden, packe meinen Stapel
Klausuren ein und fahre für ein verlängertes Wochenende nach Hua Hin, in das gleiche Resort, in dem ich im
Dezember schon mit Anne und Yves war.

Die Anreise werde ich dieses Mal allerdings mit
dem öffentlichen Bus machen. Fernbusse sind in Thailand trotz günstiger Billigflüge nach wie vor das be-
liebteste Verkehrsmittel für Fernziele. In Bangkok gibt
es mehrere große Busbahnhöfe, die Busse in Richtung
Süden fahren vom Southern Bus Terminal Sai Tai Mai
im Stadtbezirk Taling Chan ab. Die Fahrt mit dem Taxi
dorthin dauert fast eine Stunde.

Der Busbahnhof ist ein zweigeschossiges, sehr
großes Gebäude. Fahrkarten gibt es im ersten Stock,
auf einer breiten Rolltreppe geht es nach oben. Unzählige Schalter reihen sich dicht an dicht in mehreren
Reihen, die Fahrtziele sind über dem Verkaufsfenster
auf Thai und Englisch angeschrieben. Schnell finde ich
den Schalter für Tickets nach Hua Hin. Es ist kaum
Betrieb, ich komme sofort dran und kaufe mein Ticket
für den nächsten Bus, der in zwei Stunden abfährt. Die
Fahrt kostet 155 Baht und damit nur die Hälfte des
Fahrpreises, den ich gerade für das Taxi bezahlt habe.
Auf dem Ticket ist auch schon die Platznummer im Bus
vermerkt, ich sitze auf 5A. Alles ist bestens organisiert.

Bis zur Abfahrt ist ausreichend Zeit, um noch
etwas zu Mittag zu essen. Auf der gleichen Ebene wie
die Fahrkartenschalter finden sich neben Verkaufsständen, die Kleidung und Reisebedarf anbieten, auch
Cafés und Schnellrestaurants. An einem kleinen Imbiss

gibt es Roti, ausgebackene süße Teigfladen, die ähnlich wie Crèpes mit unterschiedlichen Füllungen angeboten werden.

Ich bestelle für fünfzig Baht einen Roti mit Bananen, möchte aber nicht so viel Zucker und gesüßte Kondensmilch darauf haben. *Mai wan*, nicht süß, bitte ich daher die Verkäuferin, die gleich darauf mit der Hand kunstvoll die vorbereiteten Teigklumpen zu einem sehr dünnen Fladen auswalzt, den sie mit frisch geschnittenen Bananenscheiben belegt und dann im heißen Fett ausbackt. Die ganze Familie ist am Stand und macht mit, zwei Kinder im Grundschulalter wuseln um die Tische herum und räumen ab, was die Gäste zurückgelassen haben. Ein junger Mann ist für die Getränke verantwortlich, Tee und Kaffee sind im Angebot. Mit meinem knusprig ausgebackenen Teigfladen, der mir in einem kleinen Pappkarton mit Plastikgabel serviert wird, setze ich mich an einen freien Tisch. Der Roti ist sehr heiß, aber köstlich. Beim Essen beobachte ich das Treiben um mich herum an den Verkaufsständen, die T-Shirts, Kleider, Blusen und Unterwäsche anbieten. Umkleidekabinen gibt es nicht, man kauft nach Augenmaß.

Um kurz nach halb zwei mache ich mich auf die Suche nach dem Abfahrtsbahnsteig, der im Außenbereich des Bahnhofs liegt. Für die Fahrt kaufe ich noch eine Flasche Wasser. Es sind noch zehn Minuten bis zur Abfahrt, der weiß-blau gestreifte Bus steht schon bereit, durch die geöffnete Klappe des Gepäckfachs hieve ich meinen kleinen Rollkoffer hinein. Im Bus begrüßt mich die Busbegleiterin und führt mich zu meinem Sitzplatz, 5A ist ein Fensterplatz. Der Bus hat schon einige Jahre auf dem Buckel und ich glaube nicht, dass die Klimaanlage viel gegen die Hitze ausrichten kann, was mich sehr beruhigt. Zwar habe ich extra ein großes Strandtuch in die Handtasche gepackt, um mich vor der gnadenlosen Klimaanlage schützen zu können, aber das wird gar nicht nötig sein. Relativ pünktlich geht es los, der Bus ist nicht einmal zur Hälfte mit Fahrgästen gefüllt. Ein paar wenige Touristen sind an Bord, einige Plätze sind mit Einheimischen besetzt. Die Route ist die gleiche, die wir im Dezember mit dem Auto gefahren sind, wir nehmen die Nationalstraße und biegen etwa nach der Hälfte der Strecke in Richtung Süden ab.

Nach nur drei Fahrtstunden ohne Pause erreichen wir Hua Hin, der Bus ist also genauso schnell wie das Taxi, wenn man die reine Fahrtzeit vom Busbahnhof aus rechnet. Jetzt muss ich noch irgendwie aus der Stadt heraus in das Resort kommen, der Bus hat die Fahrgäste direkt vor dem Tempel im Stadtzentrum ausgeladen. Am Straßenrand warten Tuk Tuks, die landestypischen Dreiräder, bei denen eine Kabine zur Fahrgastbeförderung an ein Moped angebaut ist. Überall in Thailand sind sie im Einsatz, die Modelle sind regional unterschiedlich. In Hua Hin scheint das Modell *Monika* beliebt zu sein, der Name steht bei jedem Tuk Tuk hinten drauf.

Mit meinem Rollköfferchen gehe ich zielstrebig auf einen der Fahrer zu, die in der Nachmittagshitze im Schatten warten.

"*Sawasdee khaa*! I would like to go to this Hotel, please. Do you know where it is?" spreche ich den Fahrer an und halte ihm die Hoteladresse unter die Nase.

"Yes, I know. Okay." Er schnappt sich meinen Koffer und lädt ihn in das Tuk Tuk.

„How much for the trip?" frage ich, bevor ich einsteige.

"150 Baht", bekomme ich zur Antwort.

"*Oooh, päng nitnoi*! Why is it so expensive? I took the bus from Bangkok, the whole trip was only 155 Baht and you charge the same for three kilometres?"

Meine Entrüstung ist tatsächlich nicht gespielt. Verkaufsverhandlungen beginnt man üblicherweise mit einem *päng nitnoi*, was so viel heißt, wie „Das ist ein bisschen teuer", oder auch *päng maak*, also sehr teuer, wenn der Preis viel zu hoch ist. Aber hier ist kein Verhandeln möglich, das macht mir der Fahrer unmissverständlich klar. Er erklärt mir, dass sich der Preis aus Grundtarif plus Entfernung zusammensetzt. Für mich ist trotzdem nicht nachvollziehbar, warum ein relativ günstig zu unterhaltendes Tuk Tuk für eine kurze Fahrt von wenigen Kilometern genau so viel kosten soll wie die lange Busfahrt hierher. Aber es hilft nichts, Laufen ist keine Option, also steige ich ein und los geht die Fahrt, mit dem für Tuk Tuks typischen Geknatter eines Zweitaktmotors. Gegen halb fünf bin ich schließlich im Resort und habe von zu Hause bis zum Ziel fast sieben Stunden gebraucht! Für einen kurzen Wochenendtrip lohnt sich das wirklich nicht und ich überlege, ob ich mir für die Rückfahrt am Montag nicht doch den Luxus eines Taxis für knapp sechzig Euro leiste, das mich in drei Stunden von Tür zu Tür bringt. Immerhin könnte ich dann noch den halben Tag am Meer genießen.

Das Transportproblem vor Ort löse ich am nächsten Tag, indem ich mir einen Motorroller miete, der mich von den horrenden Tuk-Tuk-Preisen unabhängig macht. Schließlich habe ich keine Lust, für jede kurze Fahrt in die Stadt umgerechnet vier Euro zu zahlen. Außerdem möchte ich die Gegend erkunden und zu den südlich gelegenen Stränden fahren, dafür eignet sich ein Zweirad am besten. Schon beim letzten Besuch ist mir der kleine Laden um die Ecke des Resorts aufgefallen, der neben einem Wäscheservice auch Rollervermietung anbietet. Gleich am nächsten Morgen mache ich mich nach dem Frühstück auf den Weg dorthin. Im engen Ladenraum steht eine junge Frau hinter der Theke und legt Wäsche zusammen, an der Wand steht ein Bett, auf dem sich zwei Kinder balgen, in einer Ecke läuft ein kleiner Fernseher. Wahrscheinlich ist der Raum abends Wohnzimmer und nachts Schlafzimmer für die ganze Familie.

"*Sawasdee khaa*", grüße ich, "I would like to rent a motor bike. Do you have one available?"

Sie mustert mich einen kurzen Moment.

"Yes, outside. Please, look."

Vor der Tür stehen drei Roller in den Farben Rot, Weiß und Schwarz.

"What colour do you want?"

Die Farbe ist mir egal, wichtig ist, dass das Ding vernünftig fährt.

"Which one is the best? I don't mind the colour. What do you recommend?"

Sie lacht und antwortet spontan: "The black one." Das ist eine Honda Click, eines der meistgefahrenen Modelle in Thailand. Schicker sieht zwar das klassische Retromodell Fino von Yamaha aus, aber der Scooter von Honda soll zuverlässig laufen.

"Okay, I take it. How much for three days?"

Sie zieht einen Formularblock aus einem Stapel Unterlagen hervor.

"250 Baht for the first day, after that 200 per day."

Das ist mal ein Wort, der Roller hat sich dann ja schon nach zwei kurzen Fahrten pro Tag amortisiert.

"Plus the fuel", ergänzt sie.

Gut, der Sprit geht extra, aber viel wird die Maschine nicht verbrauchen.

"Do you need my driver licence or my passport?"

Sie winkt ab. "No need. Just the name of your hotel and your passport number. Please, fill in."

Sie schiebt mir das Formular über die Theke. Es ist ein kleiner Zettel, der als Mietvertrag ausreicht. Meine Passnummer habe ich nicht dabei, ich trage einfach meine Führerscheinnummer ein. Für die drei Tage zahle ich im Voraus und bekomme eine Vertragskopie, dann sind alle Formalitäten erledigt.

"Can I have your name and telephone number please, just in case? Oh, and I need a helmet."

"I am Lek."

Sie schreibt ihren Namen und die Telefonnummer auf den Zettel, dann holt sie einen schwarzen Helm aus dem Nebenraum, der als Fahrradhelm vielleicht noch einigermaßen tauglich wäre. Aber besser als nichts. In Thailand herrscht Helmpflicht, allerdings nur für den Fahrer. Da aber oft bis zu vier Personen auf einem Moped sitzen und nicht immer auf Anhieb zu erkennen ist, wer von ihnen das Fahrzeug lenkt, nimmt man es nicht ganz so genau mit den Vorschriften. Mir ist auf jeden Fall wohler, mit Helm zu fahren.

"Can you please show me how the bike works?"

Die Honda Click ist eine Automatik, schalten muss ich nicht. Lek steckt den Schlüssel ins Zündschloss und betätigt den Anlasser, schon schnurrt der Motor los.

"You see, like that. Just normal. When you come back, you can get fuel here."

Sie zeigt mir noch, wo der Tankdeckel ist, dazu muss ich die Sitzbank hochklappen, unter der sich ein geräumiger Stauraum befindet. Sehr praktisch. Tanken kann ich am Kiosk nebenan, dort stehen ausgediente Schnapsflaschen in Reih und Glied, die jetzt mit Benzin gefüllt sind. Aber die Tankanzeige ist am Anschlag, der Tank ist voll. Ich nehme den Helm, setze mich auf den sportlichen Scooter und teste Anfahren und Bremsen. Funktioniert, es kann losgehen. Ich winke Lek zum Abschied und fahre um die Ecke, erst einmal zurück ins Resort.

Seit über zehn Jahren habe ich einen Motorradführerschein und in Deutschland steht auch noch mein Motorrad, eine große Harley Davidson, die dreihundert Kilogramm wiegt. Dagegen ist die kleine Honda hier mit etwas mehr als einhundert Kilogramm ein Leichtgewicht, das sich gut rangieren lässt.

Zurück in meinem Zimmer schaue ich im Internet, was der Motor leistet. Angegeben sind 110 km/h Höchstgeschwindigkeit und elf PS, der Durchschnittsverbrauch wird mit 1,7 Liter auf hundert Kilometer angegeben. Fünfeinhalb Liter fasst der Tank, dreihundert Kilometer kann ich also locker fahren, bevor ich tanken muss.

Im Süden liegt der Nationalpark *Khao Sam Roi Yot*, der ‚Berg der 300 Gipfel‘. Von Hua Hin aus kann man auf Nebenstrecken am Meer entlang bis dorthin fahren, das ist meine Zielrichtung. Unterwegs gibt es noch einige Strände, an denen ich Zwischenstopps einlegen kann. Ich packe das Nötigste in meinen kleinen Rucksack, schnappe mir eine Wasserflasche, trage dick Sonnencreme mit Lichtschutzfaktor fünfzig auf und lade mir aus dem Internet noch ein paar Routen als Foto auf das Mobiltelefon herunter, falls ich mich verirre. Vernünftige Straßenkarten sind Mangelware in Thailand, und ob ich unterwegs Internetverbindung haben werde, weiß ich nicht.

Die Wasserflasche passt genau in eine der Halterungen hinter der Frontverkleidung, meinen Rucksack bringe ich im Stauraum unter dem Sitz unter. Los geht's. Erst nach ein paar Metern fällt mir auf, dass ich auf der falschen Straßenseite fahre, zum Glück ist hier noch kein Verkehr. Als ich auf die Hauptstraße einbiege und Gas gebe, fühle ich mich glücklich und total befreit. Mit einem breiten Grinsen im Gesicht genieße ich den Fahrtwind und fahre der Sonne entgegen nach Süden.

Die ersten Kilometer geht es auf der Nationalstraße voran, hier kann ich erst einmal Gas geben. Mit siebzig Stundenkilometern fahre ich auf dem Seitenstreifen der stark befahrenen Straße, unzählige Pickups und LKW ziehen rechts an mir vorbei. Mein erster Zielpunkt ist *Hat Khaotao*, der Strand am Schildkrötenberg, der Abzweig kommt nach etwa zehn Kilometern. Die kleine Straße führt in eine Ortschaft hinein, rechts liegt ein großer See, dann geht es links ab, die Straße endet direkt am Sandstrand. Im Schatten großer Bäume parke ich den Roller, Helm und Schuhe verstaue ich unter dem Sitz.

Zwischen den Bäumen steht ein Kleinbus, der zu einer Kaffeebar umgebaut wurde, eine freundliche, auffallend gepflegte Dame verkauft Kaffee- und Teespezialitäten. Neugierig studiere ich das Angebot auf der Tafel und bestelle einen Macha-Eistee *mai wan*, ungesüßt. Der Kleinbus ist mit allem ausgestattet, was eine gute Kaffeebar braucht, ein teurer Vollautomat zaubert Kaffeespezialitäten wie in der Großstadt. Vor dem Bus stehen zwei Tische mit Stühlen im Schatten.

Barfuß gehe ich mit meinem Eistee in der Hand die letzten Meter zum Strand. Am Treppenabgang von der Straße nach unten steht ein altes, klappriges Lastenfahrrad, auf der Ladefläche vor dem Lenker ist ein Tablett angebracht, darauf liegen, mit einer Plastikfolie geschützt, appetitliche Teigtaschen. Der Verkäufer macht gerade eine Raucherpause und nimmt kaum Notiz von mir, wahrscheinlich erwartet er kein Geschäft mit einer Ausländerin.

"Ani arai na khaa?" *Was ist das,* frage ich ihn.

Mit einer hastigen Handbewegung will er seine Zigarette ausmachen.

"Mai ben rai, cha cha!" Das macht nichts, nur langsam, beschwichtige ich ihn. Ich laufe ihm schon nicht weg, er soll seine Zigarette in Ruhe fertig rauchen.

"Ani ben cülly bap", gibt er mir zur Antwort.

Was in aller Welt sind *cülly bap*? Ach so, er meint sicher Curry Puffs! Ich erinnere mich, dass wir die schon bei einer unserer Veranstaltungen beim Flying Buffet hatten. Bei dem Gedanken daran läuft mir das Wasser im Mund zusammen, immerhin war das Frühstück meine letzte Mahlzeit und jetzt ist schon Nachmittag. Es sind wohl zwei verschiedene Sorten, denn die Teigtaschen sehen unterschiedlich aus. Aber wie frage ich danach?

"Ben müangan?" Sind die alle gleich?

Soweit komme ich mit meinem beschränkten Wortschatz. Aus seiner Antwort höre ich nur den Wortfetzen *gai* für Huhn heraus, alles andere verstehe ich nicht. Also nehme ich drei Curry Puffs mit Hühnchenfüllung.

Mit meinem Snack setze ich mich auf ein Mäuerchen am Sandstrand und genieße den Blick aufs offene Meer. Nach links zieht sich der breite Strand in schier endloser Länge bis nach Hua Hin, nach rechts stehen ein paar Häuser in Strandnähe in der Bucht, die von einer Mole geschützt ist und ein paar hundert Meter weiter am Schildkrötenberg endet. In der kleinen Bucht ankern bunte Fischerboote, am Fuße des Hügels ist ein imposantes Kloster zu erkennen. Vor der Küste liegen zwei kleine Inseln, schroffe Felsen, mit Sträuchern und Bäumen bewachsen.

Der Strand ist fast menschenleer und nachdem ich mit Eistee und Curry Puffs fertig bin, gehe ich ans Wasser und dann nach links. Ich laufe an einem großen Klostergelände vorbei, das direkt an den Strand grenzt, dann kommen vereinzelt weitläufige, sehr luxuriös aussehende Hotelanlagen, in denen jedoch kaum Menschen zu sehen sind. Es folgt unbebautes Gelände, ein verwilderter Garten mit einer hohen Steinmauer zum Meer hin. Davor liegen zwei Fischerboote mitten auf dem Strand, die auf die nächste Flut zu warten scheinen. Zwei Hunde tollen an mir vorbei. Unterhalb der Steinmauer setze ich mich in den Sand und genieße den Moment. Es ist einfach traumhaft!

Als ich mich auf den Rückweg mache, ist der Strand etwas voller geworden. Jetzt am späten Nachmittag lässt die Kraft der Sonne nach, Jogger laufen am Strand entlang, Kinder bauen Sandtempel, junge Männer spielen Fußball. Der Straßenverkäufer ist mit seinem Fahrrad verschwunden. Direkt neben der Treppe ist der Eingang zu einem großen Restaurant, die Tische stehen auf dem ganzen Grundstück verteilt, über jedem Tisch bieten einfache Dachkonstruktionen aus Wellblech Schutz vor Sonne und Regen. Die Einrichtung ist ein bisschen heruntergekommen, ein alter Hund liegt mitten auf dem Weg, es herrscht geordnetes Chaos. Es scheint geöffnet, obwohl kein Gast zu sehen ist, aber aus der Küche höre ich Topfklappern. Also gehe ich hinein und setze mich an einen Tisch zur Strandseite hin, ich bin der einzige Gast. Von hier habe ich eine herrliche Aussicht auf die kleine Bucht und die beiden vorgelagerten Inseln.

Ein junger Mann kommt aus der Küche und sieht mich. Sofort bringt er mir die Karte, die sehr abgegriffen ist. So schlecht kann das Essen demnach nicht sein. Das Angebot ist umfangreich, es gibt Meeresfrüchte in verschiedenen Variationen. Zum Glück sind die Gerichte auch auf Englisch bezeichnet und viele mit Bildern versehen. Eigentlich wollte ich nur etwas trinken, aber jetzt beschließe ich, mein Abendessen hier zu bestellen und das Farbenspiel des Sonnenuntergangs abzuwarten. Der Kellner kommt zurück und ich bestelle ein Soda Manao, Limonade mit frisch gepresstem Limettensaft.

"*Mi jam thalee mai?*" Gibt es Meeresfrüchtesalat, frage ich.

"*Mi*" Ja, den gibt es, antwortet er mir.

Das Thailändische hat, wie die chinesische Sprache, kein Wort für *ja* oder *nein*, deshalb bestätigt der Kellner meine Frage einfach mit *gibt es*. Die Verneinung würde entsprechend lauten *mai mi*, gibt es nicht. Thailändische Salate haben wenig mit dem zu tun, was wir in westlichen Kulturen darunter verstehen. Meist sind es gehaltvolle, scharf gewürzte und mit frischen Kräutern abgeschmeckte Gerichte mit Fleisch, Gemüse oder Fisch. Meine absoluten Favoriten sind Flügelbohnensalat mit Ei, Rindfleischsalat, Pomelosalat und Meeresfrüchtesalat.

Aber als der Kellner mir kurz darauf mein Essen bringt, steht mir die Enttäuschung ins Gesicht geschrieben. Auf dem Tisch steht eine Terrine, in der Meeresfrüchte schwimmen. Statt eines *jam thalee* hat er mir ein *tom jam thalee* gebracht, eine klare Suppe mit Meeresfrüchten. Zwar ist auch die lecker, aber eben kein würzigscharfer Salat, auf den ich mich schon gefreut hatte. Neben frischen Garnelen treiben Tintenfisch und Fischstückchen in der Brühe, das Ganze ist mit Zitronengras, frischem Koriander, Knoblauch und Galgant abgeschmeckt. Wie in Thailand üblich, fische ich die einzelnen Stücke aus der Suppe und esse sie mit Reis.

Der aromatische Geruch hat das Interesse von zwei braunweiß getigerten Katzenkindern geweckt, die neugierig aus ihrem Versteck unter dem Nachbartisch hervorkommen. Dass nicht weit von ihnen ein Hund liegt, scheint sie nicht zu stören. Mit ihren übergroßen Ohren und langen, schmalen Köpfchen sehen sie aus wie Fledermäuse. In sicherer Entfernung zu mir spielen und tollen sie miteinander herum. Hunde und Katzen sind in Restaurants eigentlich überall in Thailand gelitten, aber man muss auch auf monströse Ratten und große Kakerlaken gefasst sein, über deren Erscheinen sich das Restaurantpersonal allerhöchstens zuerst pflichtbewusst entrüstet zeigt, dann amüsiert, bevor man in den allseits vorherrschenden entspannten Lebensmodus zurückfällt. Leben und leben lassen ist hier das Motto, und das mit *sanuk maak*, viel Spaß am Leben.

Bei dem Versuch, nach dem Essen meinen Roller für die Rückfahrt zu starten, habe ich ein Problem. Ich bekomme den Schlüssel nicht ins Zündschloss, das von einem schwarzen Plastikverschluss versperrt ist. Ich versuche ein paar Minuten erfolglos, die Sperre mit dem Schlüssel beiseite zu schieben und werde zunehmend panischer.

"You are okay?" ruft die Lady vom mobilen Kaffeestand herüber, die meine vergeblichen Bemühungen beobachtet hat.

"Not really", gebe ich kleinlaut zurück.

Sie wechselt ein paar Worte mit ihren beiden Gästen, die an der Theke auf Barhockern sitzen, sofort eilen sie zu mir. Die beiden Frauen kennen sich offensichtlich gut mit den gängigen Rollermodellen aus. Eine der beiden, eine sehr geschmackvoll gekleidete Frau in meinem Alter, zögert nicht lange und nimmt mir den Schlüssel aus der Hand. An dessen Rand befindet sich eine eckige Ausbuchtung, mit der man das Schloss entriegeln kann. *Just normal*, hatte Lek mir auf die Frage geantwortet, wie der Roller funktioniert. Diese kleine, aber sehr entscheidende Funktion fällt demnach unter die Kategorie ‚ganz normal‘. Ich hatte Glück, dass jemand in der Nähe war, der sich mit den Dingern auskennt. Überaus erleichtert bedanke ich mich für die Hilfe und meine Retterin ist so wohlerzogen, dass sie mir Spott und Schadenfreude erspart und sich diskret verabschiedet.

Es ist schon fast dunkel, als ich in das Resort zurückkomme, aber noch nicht wirklich spät, denn in diesen Breitengraden geht die Sonne bereits zwischen sechs und halb sieben Uhr unter. Als ich im Bad vor dem Spiegel mein T-Shirt ausziehe, bemerke ich den dunkelroten Sonnenbrand auf meinen Unterarmen und im Nacken. Dabei hatte ich extra Sonnencreme mit Lichtschutzfaktor fünfzig aufgetragen und war doch höchstens drei Stunden in der prallen Sonne unterwegs! Im Pool finde ich erst einmal die dringend nötige Abkühlung, anschließend genieße ich auf meiner Terrasse ein erfrischendes Bier aus der Minibar und die Stille, die nur durch das Zirpen der Grillen unterbrochen wird. Wenn ich jetzt noch zwei, drei Stunden Klausuren korrigiere, war das ein rundum perfekter Tag.

Am nächsten Morgen mache ich mich gleich wieder mit dem Roller auf den Weg. Heute werde ich auf Nebenstraßen bis Pak Nam Pran fahren, ein Strand in der Nähe der Ortschaft Pranburi. Vor der großen Nachmittagshitze möchte ich wieder zurück sein, damit meine sonnenverbrannte Haut nicht noch mehr abkriegt. Den linken Unterarm hat es besonders erwischt, das Handgelenk ist deutlich geschwollen. Das ist die Seite, die gestern beim Fahren der Sonne direkt zugewandt war. Um die Ecke ist eine Drogerie, in der ich mir erst einmal ein Aloegel zur Linderung besorge.

Wie gestern fahre ich bis *Khaotao*, biege dann am großen See aber nicht nach links zum Strand, sondern nach rechts ab. Die schmale Straße führt an Häusern vorbei, es ist kaum Verkehr. Die wenigen Menschen, denen ich begegne, nicken freundlich und schauen mir neugierig nach, ein alter Mann winkt mir zu. Hinter dem Dorf wird die Straße hügeliger, große Hibiskusstauden in voller Blüte wachsen am Straßenrand, zwischendrin habe ich immer wieder einen freien Blick aufs Meer.

Hinter einer Kurve taucht plötzlich unvermittelt ein großer Betonkoloss vor mir auf, ein monströses Hochhaus direkt am Strand, das wie ein fehlgesteuertes Ufo aus dem Universum aussieht. Ein großes Schild weist die architektonische Missgestalt als *Korean Golf Club* aus. Hier entspannen also gestresste Manager, die sich in Horden direkt aus Korea einfliegen lassen, um dann ganz unter sich zu bleiben. Drum herum gibt es nichts außer Meer, Strand und Natur. Mit reduzierter Geschwindigkeit fahre ich an dem langgezogenen Gebäudekomplex entlang, kein Mensch ist zu sehen. Ich frage mich, wer für so eine Bausünde die Genehmigung erteilen konnte.

Jetzt säumen Ananasfelder und Palmenhaine die Straße, Pranburi und der Strand sind gut ausgeschildert. *Pak Nam Pran* liegt etwas außerhalb, die Straße führt hier kilometerweit direkt am Meer entlang. Kleinere Hotelanlagen reihen sich am Straßenrand aneinander, zwischendrin finden sich immer noch vereinzelt Palmenhaine, in denen friedlich ein paar Rinder grasen, aber auch hier werden sicher bald Ferienresorts gebaut werden. Am Ende von *Pak Nam Pran* erhebt sich ein Felsen aus dem Meer, auf dem eine große Klosteranlage steht. Dahinter wird die Gegend sehr ländlich und ruhig. Die Straße führt weiter am Meer entlang, nach einigen Kilometern endet sie am Nationalpark *Khao Sam Roi Yot* an einer Baustelle und ich muss umkehren. Ich fahre die gleiche Strecke wieder zurück in die Stadt, bis zum Fischereihafen. In einer Fischfabrik werden kleine Tintenfische zum Trocknen auf rechteckigen Drahtgestellen ausgebreitet und dann nach draußen in die Sonne gestellt. Der Gestank nimmt mir fast den Atem und ich sehe zu, dass ich raus aus der Stadt zurück ans Meer komme.

An einem ruhigen Restaurant halte ich schließlich an. Die Holztische stehen auch hier vereinzelt am Strand verteilt und haben jeweils ein Dach als Schutz vor der Witterung. Die Speisekarte ist umfangreich, diese Mal steht auch explizit ein *jam thalee* mit Zitronengras auf der Karte.

"*Pät mai?*" Ob ich es scharf möchte, fragt die Bedienung.

"*Pät nitnoi*", ein bisschen scharf, antworte ich.

Alle Zutaten sind frisch, neben Garnelen und Tintenfisch sind reichlich kleine, salzige Anchovis im Salat, Zitronengras und frischer Koriander geben dem Gericht seine fein abgestimmte Würze. Was für ein Genuss! Schon allein für das Essen lohnt es sich, in Thailand zu leben.

Die verbleibenden beiden Tage nutze ich bestmöglich, stehe früh auf, um die angenehmen Morgenstunden zu nutzen, und gönne mir dafür lieber in den heißen Nachmittagsstunden eine Ruhepause. Tatsächlich reserviere ich mir bei Lek im Wäscheservice-Rollerverleih-Reisebüro noch ein Taxi für die Rückfahrt nach Bangkok, so dass ich am Montagvormittag noch zu einer letzten kurzen Fahrt mit dem Roller nach Hua Hin aufbrechen kann. Dort gibt es oben am Berg einen Aussichtspunkt, von dem aus man einen schönen Blick auf die Stadt haben soll. In der Stadt halte ich noch kurz am Bahnhof, um mir den königlichen Pavillon anzusehen, der extra gebaut wurde, damit der König einen eigenen Wartebereich hat. Dann geht es weiter, den Berg hinauf, die schmale Straße wird am Ende ziemlich steil und endet auf einem Parkplatz. Der Aussichtspunkt liegt in einer Parkanlage, die letzten Meter muss ich zu Fuß gehen.

Aber zuerst hole ich mir in einem kleinen Ladenkiosk meinen unverzichtbaren Eiskaffee. Ich muss einen Moment warten, die Ladenbesitzerin kümmert sich noch um ihre beiden kläffenden Hündchen. Ich vertiefe mich in die Lektüre von Buchtiteln, die in einem Regal neben der Theke stehen, alles zurückgelassene, abgegriffene Urlaubslektüre in allen möglichen westlichen Sprachen, die in der Hitze geduldig auf neue Leser warten. Schließlich hat die Chefin Zeit für mich und ich kann meine Bestellung aufgeben, dann setze ich mich an einen Tisch im Schatten der Bäume.

Während die Kioskbesitzerin, die ich auf etwa Mitte sechzig schätze, mit großer Sorgfalt und der notwendigen Muße meinen Kaffee mit einer hochmodernen Espressomaschine zubereitet, kommt ein weiterer Gast mit seinem Roller an. Der Mann ist etwa im gleichen Alter wie die Geschäftsinhaberin und beginnt sofort einen Monolog auf Englisch. Es stellt sich heraus, dass er ein dänischer Rentner ist, der mit seiner thailändischen Frau im Isan lebt. Sein Englisch ist mäßig und es ist nicht ganz klar, ob er seine Geschichte wirklich der Ladenbetreiberin erzählt, deren Englischkenntnisse überschaubar sind, oder ob er mit sich selbst redet. In seinem kleinen Dorf in Nordostthailand spricht außer seiner Frau niemand Englisch, deshalb reist er ab und zu hunderte von Kilometern in den Süden nach Hua Hin, wo er skandinavische Bekannte hat. Das ist seine einzige Abwechslung, das Leben im Dorf ist eintönig, weil er sich so gut wie mit niemandem austauschen kann. An dieser Stelle mischt sich die Inhaberin ein, die seinem Selbstgespräch offenbar gefolgt ist.

"You speak Thai?" fragt sie ihn mit resoluter Stimme. Der Mann ist irritiert und überlegt kurz.

"No", antwortet er zögerlich, "it is difficult", bringt er zu seiner Verteidigung vor.

"But you should try to learn", insistiert sie.

Kleinlaut geworden zieht sich der Mann ganz auf sein Bier zurück, das er zuvor bei ihr aus dem Kühlschrank genommen hat.

Amüsiert von dieser Lektion hole ich meinen inzwischen fertigen Eiskaffee an der Theke ab. Die beiden kleinen Hunde tollen um mich herum und bellen. Ich kann mir eine Bemerkung auf Thai nicht verkneifen, die natürlich vorrangig für die Ohren des Dänen gedacht ist.

"Ma gad mai?" Beißen die Hunde, frage ich die Chefin.

"Mai gad." Nein, die beißen nicht, antwortet sie mit einem komplizenhaften Lächeln, das mir zeigt, dass sie meine Absicht verstanden hat. Sie fährt fort, auf Thai von ihren Hunden zu erzählen, und obwohl ich ihren weiteren Ausführungen nicht wirklich folgen kann, erfasse ich intuitiv, dass die Hunde zwar eine große Klappe haben, aber eigentlich ziemliche Angsthasen sind. Als ich mich schließlich mit meinem Eiskaffee zu Fuß in Richtung Aussichtspunkt aufmache, schaut mir der Däne misstrauisch hinterher.

Auf dem schmalen, schattigen Fußweg kommen mir nach einigen Metern wilde Affen entgegen, die mich neugierig mustern. Ganz nah vor mir kauern sie auf dem Boden, darunter ist auch eine Affenmutter, die ihr Junges säugt. Es sind Makaken, wie sie auch im Tempel oben auf dem Berg leben, sie zeigen keinerlei Scheu. Ein Stück weiter komme ich zur Aussichtsplattform, eine Holzterrasse, die dem Berg vorgebaut wurde, und tatsächlich hat man von hier einen weiten Blick auf die Stadt und das Meer.

Gerade als ich an die Brüstung treten will, sehe ich aus dem Augenwinkel etwas ungewöhnlich Großes auf mich zufliegen. Reflexartig halte ich meinen Unterarm schützend vor mein Gesicht, da trifft mich auch schon ein wuchtiger Affenkörper auf Brusthöhe. Mit dem erhobenen Arm kann ich ihn abwehren und verhindern, dass er sich festkrallt. Mit aller Kraft drücke ich ihn von mir weg, bis er ablässt und auf dem Boden landet. Offensichtlich hat er es auf meinen Eiskaffee abgesehen, jetzt lauert er in sicherer Entfernung, zeigt seine Zähne und behält mein Getränk fest im Blick.

Die Situation spitzt sich zu, als zwei weitere große Affen aus dem Gebüsch kommen, darunter ein sehr kräftiges Männchen. Alle drei kommen langsam näher, mit der Verstärkung traut sich auch der Angreifer wieder heran. Das Affenmännchen fletscht aggressiv sein gewaltiges Gebiss, jetzt wird es echt brenzlig für mich. Außer mir und den drei Affen ist niemand zu sehen. Wir stehen uns einen Moment gegenüber. Weglaufen ist keine Option, die sind bestimmt schneller als ich. Meinen Eiskaffee mag ich aber auch nicht aufgeben. Also mache ich ein paar Schritte auf sie zu und schreie sie an, die drei weichen ein Stück zurück. Den gewonnenen Abstand nutze ich zum geordneten Rückzug. Der große Affe folgt, hält aber respektvoll Abstand, als ich meine Scheinattacke wiederhole. Ich beeile mich, auf den Weg zurückzukommen, dorthin folgen mir die drei zum Glück nicht. Bis auf den Schreck ist nochmal alles gut gegangen.

Sommerurlaub in der Stadt

ZURÜCK IN BANGKOK habe ich an einem der nächsten Tage einen ganz besonderen Termin. Für einen thailändischen Fernsehsender gebe ich ein einstündiges Interview zum Thema ‚Studieren in Deutschland'. Das Sendeformat wird in Serie ausgestrahlt, unterschiedliche Länder stellen dabei ihre Studiensysteme vor. Immer mehr Thailänder studieren im Ausland, Deutschland steht in der Beliebtheit nach den USA, Großbritannien, Australien, Japan und Malaysia immerhin auf Platz sechs, dicht gefolgt von Frankreich.

Die Produktionsfirma hat ihren Sitz in einem Hochhaus direkt an der BTS-Station Siam, das Studio liegt in einem der oberen Stockwerke über dem Einkaufszentrum Siam Center. Zur Vorbereitung haben wir in den vergangenen Tagen ein Skript mit Fragen und Antworten auf Englisch abgestimmt, das Interview wird mit thailändischen Untertiteln gesendet, die Ploy noch einmal gegenlesen wird.

Vor der Aufnahme geht es aber erst einmal in die Maske, wo ich dick Make-up und Puder aufgetragen bekomme und meine kurzen Haare kräftig mit Haarspray in beeindruckende, vor allem aber betonfeste Form gebracht werden. Dann geht es zum Interview ins Studio. Meine Gesprächspartnerin sitzt mir in einem Sessel schräg gegenüber. Sie erklärt mir den Ablauf. Die Kamera wird durchlaufen, wenn einzelne Passagen auf Anhieb nicht gut gelingen, kann die Aufnahme direkt wiederholt werden, im Schnitt wird dann später korrigiert. Alles klar, es kann losgehen.

Sie stellt die besprochenen Fragen und ich antworte, ohne in meine Notizen zu sehen. Bei der Frage, wie sich das deutsche Studiensystem von anderen unterscheidet, hole ich etwas weiter aus und gehe auf die Historie vor der europäischen Bologna-Reform ein, als Studiengänge vor allem an deutschen Universitäten weniger klar strukturiert waren und häufig deutlich länger dauerten als die vorgesehene Regelstudienzeit. Ich erzähle von akademischer Freiheit und Humboldts Bildungsideal. Einen ungläubigen Blick ernte ich, als ich erzähle, dass es früher keine Studiengebühren gab und diese auch jetzt eher die Ausnahme sind, was gleichermaßen für Deutsche und Ausländer gilt.

"But if German universities do not charge tuition fees, the quality of studies cannot be very good, right?"

Ich bin froh, dass sie das im Ausland verbreitete Vorurteil anführt, wonach die Qualität deutscher Studiengänge nicht gut sein kann, da die Hochschulen keine Studiengebühren erheben.

"Our system is different from others. In Germany, education is basically free of charge and paid for by taxes."

Dass Bildung in Deutschland meist öffentlich finanziert wird, ist für Thailänder nahezu unfassbar. Der allgemeine Glaube hier ist, je teurer ein Studium, desto besser muss es auch sein. Daher finanzieren viele Eltern gerne teure Studienprogramme australischer Hochschulen, die im Vergleich jedoch keinesfalls besser abschneiden als inhaltlich vergleichbare, aber kostengünstigere Studienangebote in Europa. Getreu dem Motto „Was nichts kostet, ist nichts wert", haben es internationale Angebote deutscher Hochschulen daher vergleichsweise schwer, selbst wenn sie englischsprachig sind.

Ein wichtiges Anliegen ist mir auch, einen Einblick in die Lebensweise deutscher Studierender zu geben und die Unterschiede zu Thailand aufzuzeigen.

Ich erzähle von der Möglichkeit, staatliche finanzielle Förderung durch Bafög zu bekommen, die es auch Schulabgängern aus ärmeren Familien ermöglichen soll, ein Studium aufzunehmen. Bei meinen Ausführungen über studentische Wohngemeinschaften sehe ich großes Erstaunen in ihrem Blick.

"But how can they live without their parents?", unterbricht sie meine Ausführungen.

"They want to live independently, some of them choose universities far away from home."

Ungläubig schaut sie mich an und als das Interview beendet und die Kamera ausgeschaltet ist, hakt sie noch einmal nach.

"I just cannot imagine that the students really want to live on their own, you know. Our son is fifteen years now and still sleeps with us in our bedroom. He could not live on his own!"

Die Aussage, dass ihr Sohn selbst in der Pubertät noch keinerlei Privatsphäre hat, mit seinen fünfzehn Jahren noch im Schlafzimmer der Eltern schläft und offenbar sehr unselbständig ist, deckt sich mit meinen Erfahrungen an der Uni. Meine Studenten sind zwischen siebzehn und zwanzig Jahre alt, aber es ist schwierig, sie in Gesprächen dazu zu bekommen, eine eigene Meinung zu vertreten oder Dinge zu hinterfragen, ganz zu schweigen von dem Grundanspruch westlicher Bildung, Sachverhalte auch kritisch zu bewerten und Alternativen zu diskutieren.

Die Phase der verspielten, sorgenfreien Kindheit, in der man keine Verantwortung trägt, scheint in Thailand extrem in die Länge gezogen und erst dann zu enden, wenn man selbst Kinder hat. Dass meine Kollegin Ampha immer von ‚Kindern' redet, wenn sie die Studenten meint, entspricht daher einer gewissen

Logik. Das Studium ist hier von konfuzianischer Lerntradition geprägt, in der es vor allem um die möglichst getreue Reproduktion gelernter Inhalte geht, jedoch nicht um kritische Auseinandersetzung oder Diskurs. Lehrer auf offensichtliche Fehler hinzuweisen, kommt den Studenten kaum in den Sinn. Umgekehrt sind die Lehrer aber auch für den Erfolg der Schüler verantwortlich, mangelhafte Leistungen werden häufig einem schlechten Unterricht angelastet und nicht einer möglichen Unfähigkeit der Schüler oder Studenten, was einen gewissen Erfolgsdruck vor allem an den teuren Eliteuniversitäten des Landes erzeugt. Denn wer viel Geld für die Ausbildung seiner Kinder bezahlt, der will auch einen guten Abschluss garantiert haben.

Es ist schon kurz vor sechs, als ich nach dem Interview zur BTS-Station komme. Menschentrauben stauen sich am Eingang, alle wollen nach einem langen Arbeitstag nach Hause. Ich reihe mich ein in die Schlange vor der automatischen Durchlasskontrolle, trotz der Dichte der Menschen sind alle recht gelassen, Hektik entspricht einfach nicht der thailändischen Mentalität. Plötzlich dringt Musik durch die Lautsprecheranlage, die Nationalhymne wird gespielt. Täglich wiederholt sich dieses Ritual um Punkt sechs Uhr abends an allen Stationen von BTS und MRT. Bei den ersten Klängen der Hymne halten alle Thailänder inne und gedenken einen Moment lang dem König. Da zu dieser Zeit die Stationen immer überfüllt sind mit Pendlern, hat die plötzliche Bewegungslosigkeit etwas Gespenstisches. Touristen, die dieses Ritual nicht kennen, schauen sich verwundert und staunend um, als ob ein feindlicher, unsichtbarer Angriff aus dem All die Menschen urplötzlich gelähmt hätte. Als Ausländer beteiligt man sich besser an dieser kurzen Ehrbezeugung, denn es fällt einfach auf, wenn man sich als Einziger inmitten des Standbildes bewegt. Sobald die Musik verklungen ist, setzen alle ihren Weg fort, als wäre nichts gewesen.

Ich beeile mich, denn um sieben Uhr beginnt meine Yogastunde. Vor einigen Wochen bin ich Mitglied in einem Fitness Club geworden, der im Landmark Hotel bei mir um die Ecke liegt. Zweimal in der Woche bietet Sam, ein externer Yogalehrer, Kurse an und ich versuche halbwegs regelmäßig donnerstags teilzunehmen, was wegen meiner häufigen Abendtermine allerdings nicht einfach ist.

Sams Kurs ist sehr beliebt und als ich um kurz vor sieben etwas abgehetzt vor dem Übungsraum stehe, wartet schon eine kleine Menschentraube auf das Ende des vorangehenden Kurses. Als endlich die Tür aufgeht, strömen wir hinein, jeder holt sich aus der Ecke eine Matte und sucht sich einen Platz. Ich muss relativ weit nach vorne, denn der Unterricht ist fast ausschließlich auf Thai, deshalb brauche ich einen freien Blick nach vorn, um zu sehen, welche Übungen gemacht werden. Als Sam auf die kleine Bühne kommt, wendet er sich mit einem respektvollen *wai* zur Gruppe, wir alle grüßen stehend zurück. Seine Begrüßungsansprache auf Thai muss eine witzige Anekdote enthalten, denn alle lachen. *Sam* finde ich für einen respektvollen Yogi übrigens einen ziemlich unpassenden Spitznamen.

Ich bin heute mal wieder die einzige Ausländerin in der Gruppe und finde es echt schade, aufgrund meiner mangelnden Sprachkenntnisse von der allgemeinen Heiterkeit ausgeschlossen zu sein.

"Non kwam", legt euch auf den Boden, lautet Sams Anweisung.

"Leelax!", ruft er, das ‚R' kommt in seinem Buchstabenschatz nicht vor. Die nächste Stellung nach der kurzen Entspannung ist kompliziert, er macht sie erst einmal vor und fordert uns dann erst zum Nachmachen auf. Nicht alle kommen damit klar, Sam geht durch die Reihen und korrigiert. Dabei geht er sehr resolut vor, wenn er einen von uns in die von ihm gewünschte Stellung presst.

"Now look and do similar", warnt er mich auf Englisch vor. Er steht jetzt direkt neben mir und beugt sich herunter, fasst meinen Fuß und schiebt das ganze Bein in eine neue, unbequeme Position, dann greift er meine Hand und legt sie an meinen Knöchel, in der neuen Position muss ich mit dem kompletten Oberkörper extrem in die Drehung gehen. Offenbar diene ich aufgrund meiner Körpergröße als willkommene Demonstrationsfigur, denn ich bin von allen Ecken des Raumes aus gut zu sehen. Es ziept und zieht in meinen Muskeln und Sehnen, aber Sam kennt kein Erbarmen und hält mich in der Stellung.

"Khao jai ook", ausatmen, ruft er in den Raum und erinnert uns daran, das Atmen in der Anstrengung nicht zu vergessen. Endlich erlöst er uns mit einem langgezogenen *"Leeelaax, non kwam!"* und ich genieße die Entspannung der Muskeln und sinke ganz in die Matte hinein.

Um dem Wellness-Abend den letzten Schliff zu geben, gehe ich noch eine Runde ins heiße Dampfbad. Auch wenn draußen über dreißig Grad im Schatten sind und ich oft schwitze wie ein Preisboxer, setze ich mich hier drinnen einer noch extremeren Hitze und Feuchtigkeit aus. Ich bin nämlich fest davon überzeugt, dass ich durch Sauna und Dampfbad besser mit der Hitze draußen zurechtkomme.

Männer und Frauen haben hier strikt getrennte Saunabereiche und selbst untereinander zeigt man sich nicht nackt. Entweder ist man in ein großes Handtuch eingewickelt, oder man trägt Badebekleidung. Aber im Dampfraum ist die Beleuchtung sowieso schummrig und der Nebel so dicht, dass man die Nachbarin kaum erkennen kann. Nach der Yogastunde tut der Saunabesuch ein Übriges und ich beschließe den Abend total *leelaxed*.

Mit Songkran steht jetzt Mitte April das thailändische Neujahrsfest mit mehreren Feiertagen bevor. Auch als Wasserfest bekannt, wird es in ganz Thailand ausgelassen gefeiert, indem auf den Straßen hemmungslos aus riesigen Wasserpistolen und anderen fantasievollen Speichervorrichtungen alles nass gespritzt wird, was auf den Straßen unterwegs ist. Es gibt kein Entkommen und Protest ist absolut zwecklos. Schon Tage zuvor bieten Straßenhändler Plastikhüllen für Geldbeutel und Mobiltelefone an, die Geschäfte verkaufen Wasserspritzpistolen in wahrhaft monströsen Ausmaßen und fantasievoll gestaltete Wasserbehälter mit Spritzdüsen, die man sich wie einen Rucksack auf den Rücken schnallen kann. Da kann ich mich in den nächsten Tagen also auf etwas gefasst machen!

Die Feiertage liegen in den Semesterferien und auch Unternehmen und viele Geschäfte haben die ganze Woche geschlossen. Wer Familie außerhalb von Bangkok hat, fährt über die Feiertage nach Hause, die Fernbusse sind ausgebucht und die Nationalstraßen mit kilometerlangen Staus stadtauswärts verstopft. Auch unser Büro hat über Songkran geschlossen und ich hatte kurz überlegt, die Tage für einen Kurzurlaub zu nutzen. Aber als ich gesehen habe, dass die Hotelpreise etwa dreimal so hoch liegen wie an normalen Tagen, habe ich umdisponiert, außerdem waren die meisten Hotels schon Monate vorher ausgebucht. Da Songkran in diesem Jahr mit Ostern zusammenfällt, verbringen viele Touristen aus dem Westen jetzt auch ihren Osterurlaub in Thailand, was den Hotels die besten Buchungsraten des Jahres beschert. Dass ich in Bangkok bleiben werde hat auch den Vorteil, dass ich Anja treffen kann, eine ehemalige Kollegin aus Deutschland, die am Wochenende ihre Rundreise durch Thailand in Bangkok starten wird.

Ich mache also Urlaub in der Stadt, die schon am Morgen des ersten Feiertages auffallend ruhig ist. Die vierspurige Schnellstraße, die keine hundert Meter hinter meinem Wohnhaus vorbeiführt und auf die ich vom Balkon aus einen guten Blick habe, ist fast leer. Normalerweise sorgt sie nachts für ein durchgängiges Grundrauschen, das ich manchmal sogar in meine Träume einbaue. Jetzt, noch am frühen Morgen, stehe ich mit meinem ersten Kaffee an der Balkonbrüstung im sanften Wind, der sich im Laufe des Tages zu einem heißen Luftstrom aufheizen wird. Im April klettern die Temperaturen in Bangkok auf bis zu vierzig Grad, und die Hitze steht zwischen den Hochhäusern wie eine undurchdringliche Wand, die das Atmen schwer macht.

Der heutige Tag steht für mich unter dem Motto: absoluter Müßiggang! Ich werde nichts tun, was mit der Arbeit zu tun hat und vor allem nichts, was in Hektik und Stress ausarten könnte. Ich überlege, ob ich mir zum Frühstück ein Croissant und Brötchen aus der

Bäckerei des Landmark Hotels holen soll, aber dafür müsste ich insgesamt etwa zwei Kilometer zu Fuß gehen, was mir angesichts meines Tagesmottos schon wieder zu anstrengend erscheint. Also begnüge ich mich mit Toastbrot und Obst, das ich noch im Kühlschrank finde.

Hier in Thailand darf man nichts, wirklich nicht den kleinsten Krümel herumliegen lassen, wenn man nicht alle Termiten alarmieren will, die in den winzigsten Ritzen leben. Auf meiner ersten Reise durch Thailand habe ich einmal eine Rolle Kaubonbons über Nacht auf dem Tisch liegen lassen – am nächsten Morgen war sie komplett schwarz, übersät mit Termiten, auf dem Tisch zogen sich kleine Straßen mit Neuankömmlingen aus der hintersten Zimmerecke und der Holzverkleidung der Wand. Schon der kleineste Honigklecks lockt die Mitbewohner herbei und ich musste mich vor allem in der Anfangszeit immer wieder selbst ermahnen, alle Lebensmittel sofort wieder in den Kühlschrank zu packen und alles penibel sauber zu halten, um weitere Invasionen meiner unsichtbaren Mitbewohner zu vermeiden. Neben Termiten leisten mir auch Geckos in der Wohnung Gesellschaft. Einzelne Exemplare kleben an Wänden und Decken und geben ihren charakteristischen Ruf von sich. Dass sie da sind, zeigt mir, dass hier auch Termiten sind, denn vor allem davon ernähren sich Geckos in den Wohnungen.

Aus dem Büro habe ich mir die letzten beiden Ausgaben der deutschen Wochenzeitung mitgenommen, die ich abonniert habe. Sonst komme ich kaum zum Lesen, aber heute passt es ideal zum ausgedehnten Frühstück auf dem Balkon. Das stundenlange Frühstück mit Zeitungslektüre gehört für mich schon seit Jahren zum Sonntagsritual. Zwei, drei Stunden halte ich es heute aus, zwischendrin ertappe ich mich allerdings hin und wieder dabei, wie ich auf die Uhr sehe, als hätte ich einen Termin einzuhalten. Doch das Einzige, was jetzt ansteht, ist die Entscheidung, ob ich noch vor der Mittagshitze einkaufen gehe oder doch lieber erst eine Runde im Pool schwimme. Ich entscheide mich für die erste Option, denn am Nachmittag wird es für den Einkauf zu heiß sein.

Im Freizeitlook mit kurzem Sommerkleid und Flipflops verlasse ich kurz darauf die Wohnung, um zum Supermarkt zu laufen. Kaum bin ich aus dem Wohnhaus heraus um die Ecke gebogen, sehe ich in der Grundstückseinfahrt neben dem Schwimmbecken eine große Wassertonne stehen, dahinter haben sich die Kinder der Angestellten mit großen Wasserspritzpistolen verschanzt. Sie lauern auf jede Bewegung auf der Straße und auf dem Grundstück. Ihre Wassergeschosse befüllen sie direkt aus dem großen Fass, so schnell geht ihnen der Nachschub nicht aus. Auch in der Einfahrt auf der Straßenseite schräg gegenüber sehe ich eine Gruppe Jugendlicher, die sich mit Eimern und anderen Spritzgeräten für die Wasserschlacht gerüstet haben. Eins ist klar, ich werde klatschnass sein, bis ich im Supermarkt ankomme!

Einer der Pförtner streckt seinen Kopf aus dem Wärterhäuschen, als er mich kommen sieht. Mit breitem Grinsen erklärt er mir die Lage. Ich verstehe nur *Songkran* und *sanuk maak*, außerdem erzählt er mir etwas über das *nam*, das viele Wasser überall in diesen Tagen. Er zeigt auf das Tuk Tuk und fragt mich, wohin ich will. Das ist wahrscheinlich die beste Lösung, denke ich mir, auch wenn ich auf dem Rückweg zu Fuß immer noch alle Hauseinfahrten der Straße werde passieren müssen.

Wenn ich zum Supermarkt will, muss ich die Soi Nana runter bis zur Hauptstraße Sukhumvit, von da aus sind es noch ein paar Minuten zu Fuß. Also setze ich mich hinten in das Tuk Tuk, der Fahrer lässt den Motor kurz aufheulen, bevor er ordentlich Gas gibt. Als wir aus der Einfahrt heraus auf die Straße einbiegen, trifft mich schon ein dicker Wasserstrahl im Rücken. Die Kinder haben ihren Spaß und kriegen sich vor Lachen kaum ein. Lachend winke ich zurück, Songkran muss man einfach mit Humor nehmen. Zum Glück habe ich meine Habseligkeiten in einem wasserfesten Drybag verstaut. Bis ich im Supermarkt eintreffe, habe ich nur noch ein paar kleine Spritzer abbekommen.

Traditionell gab es früher in Thailand nur offene Märkte, aber inzwischen haben sich zahlreiche Supermärkte nach westlichem Vorbild in Bangkok angesiedelt, vor allem im Ausländerviertel Sukhumvit. Anders als in Europa sind die Preise hier aber deutlich höher als auf den traditionellen Märkten, die ihre Waren täglich frisch anbieten. Ich kaufe entweder im Villa Market oder im Tops Market ein, beide sind für mich gut zu Fuß erreichbar und bieten einen Lieferservice, der mir den Einkauf bis an die Wohnungstür liefert. Villa Market gibt es schon seit vierzig Jahren in Bangkok, mit einem breiten Angebot an internationalen Produkten, viele davon aus Deutschland. Und obwohl ich authentisches Thai-Essen liebe, weiß ich nach mehreren Monaten in Thailand sehr zu schätzen, dass es hier auch Brot nach deutscher Machart, Joghurt, Müsli und Käse zu kaufen gibt. Und nicht zu vergessen auch Schokolade, wahlweise von Lindt oder Ritter Sport. Da das Leitungswasser in Thailand stark gechlort und damit ungenießbar ist, kaufe ich außerdem große Kanister mit stillem Wasser.

Für die bevorstehenden Feiertage und den Besuch von Anja erstehe ich heute außerdem eine Flasche deutschen Sekt von der Mosel und einen französischen Rotwein, dazu Salzbrezeln aus dem Schwarzwald. Dass mir meine schweren Einkaufstüten und Wasserkanister nach Hause geliefert werden, finde ich einen tollen Service. Geliefert wird mit dem Moped und einmal haben mich meine Einkäufe auf dem Weg nach Hause überholt, abenteuerlich gestapelt, so dass der Fahrer davor kaum noch zu sehen war. An der Kasse fülle ich noch den Lieferschein mit Namen, Adresse und Telefonnummer aus, die Sachen sollen in etwa einer Stunde bei mir sein. Nach einem kurzen Rundgang in der angenehmen Kühle des gähnend leeren Einkaufszentrums mache ich mich wieder durch kleine Nebenstraßen auf den Heimweg, um den Wasserattacken nach Möglichkeit zu entgehen.

Am nächsten Tag klingelt es gegen drei Uhr an meiner Wohnungstür und Anja steht mit einem der Pförtner davor.

„Hey, da bist du ja schon!" begrüße ich sie überrascht, „Schön, dich zu sehen!"

Zur Begrüßung umarmen wir uns, der Pförtner steht einen Moment etwas betreten daneben und weiß nicht recht, wohin er schauen soll.

Khap khun maa khaa", bedanke ich mich bei ihm, als ich mich schließlich aus der Umarmung gelöst habe. Die Pförtner sind rund um die Uhr im Einsatz, sie empfangen Besucher, nehmen die Post entgegen, fahren das Haus-Tuk-Tuk und haben auch sonst alles im

Blick. Ab und zu stecke ich ihnen ein paar Baht zu, was mir einen ausgesprochen zuvorkommenden Service und Freundlichkeit beschert.

„Hast du gut hergefunden?" frage ich Anja.

„Kein Problem. Ich habe dem Taxifahrer die Adresse genannt, und wie du schon sagtest, kennt ja wohl jeder in Bangkok die Soi Nana. Er hat ein bisschen gegrinst und irgendwas auf Thai gesagt. Als wir dann in der Straße waren, hat er nochmal jemanden nach dem Haus gefragt. Dann haben wir es ziemlich schnell gefunden. Schau mal, ich hab dir was mitgebracht."

Anja hält eine Plastiktüte hoch, die sie die ganze Zeit in der Hand gehalten hat.

„Käse aus Deutschland!"

Ich grinse wie ein Honigkuchenpferd.

„Oh, klasse! Das ist ja toll!"

Neugierig greife ich in die Tüte und hole drei Stück Käse heraus, zwei sehr leckere Hartkäse aus Rohmilch und einen Camembert aus Ziegenmilch. Den Flug und die Taxifahrt haben sie gut überstanden.

„Als du neulich beim Skypen mal gesagt hast, dass du guten Käse vermisst, habe ich gedacht, ich bringe dir welchen mit."

Anja und ich teilen die Vorliebe für Crémant und Käse aus Frankreich.

„Da bist du ja ein echtes Risiko eingegangen, den darf man bestimmt nicht einführen. Gut, dass sie dich am Zoll nicht gefilzt haben, sonst hätte ich dich noch im Knast besuchen können.", lache ich. „Komm, lass uns auf das Wiedersehen anstoßen. Ich hab einen Sekt kalt gestellt. Und dann überlegen wir, was wir heute noch machen."

Mit gefüllten Sektgläsern gehen wir auf den Balkon.

„Willkommen in Bangkok!", proste ich Anja zu. „Schau mal, die Stadt liegt dir zu Füßen!"

„Wow, die Aussicht ist ja echt toll!", staunt sie. „Du hast ja schon auf Facebook Bilder gepostet, aber in Echt ist das schon noch was anderes."

Gemeinsam genießen wir den weiten Ausblick über die Stadt, unter uns breitet sich das große Gelände der Tabakfabrik aus, die von oben wie eine gepflegte Grünanlage aussieht. Direkt daneben schließt sich der Benjasiri-Park und das Queen-Sirikit-Kongresszentrum an, und auch der große Lumphini-Park ist von hier aus gut zu sehen. Von oben wirkt die Stadt sehr grün und heute am Feiertag dazu noch außergewöhnlich ruhig.

„Was möchtest du unternehmen?" frage ich Anja. „Einkaufen? Einen Spaziergang? Oder Thai-Massage?"

Anja überlegt nicht lange.

„Massage klingt gut. Das lange Sitzen im Flugzeug war ziemlich unbequem."

„Dann schlage ich zwei Stunden Massage vor, danach gehen wir etwas essen. Und im Anschluss machen wir einen Ausflug in die einschlägigen Etablissements der Soi Nana, da kannst du die schönsten Frauen Bangkoks bewundern, die früher mal Männer waren oder zum Teil noch Männer sind."

Anja prostet mir zu.

„Klingt nach einem guten Plan!"

Nach zwei Stunden Massage und einer leckeren Nudelsuppe mit frittierter Fischhaut in meinem Lieblings-Nudelsuppen-Restaurant machen wir uns am Abend auf den Weg ins Nachtleben. Gleich am Anfang der Soi Nana liegt das *Nana Plaza*, ein dreistöckiger Komplex, ausgefüllt mit Nachtlokalen und einem offenen Innenhof mit Bars. Wir belegen nebeneinander zwei Barhocker in strategisch günstiger Position und bestellen zwei *Beer Chang*, von hier können wir das Kommen und Gehen gut beobachten. Schräg gegenüber steht die Tür zu einer Bar offen, von unseren Plätzen aus sehen wir die Tanzfläche. Pole Dance wird geboten und eine schlanke Schöne räkelt sich eher gelangweilt an der Stange. Es ist noch früh am Abend, die männlichen Gäste sind noch rar. Durch den Eingang von der Straße kommen nach und nach die *Kathoey* zur Arbeit, die *Ladyboys*, auch ‚das dritte Geschlecht' oder ‚Frau zweiter Art' genannt. Es sind hochgewachsene, extrem schlanke und stark geschminkte Frauen in meist hautenger Bekleidung. Manchmal deutet eine kleine Wölbung zwischen den Schenkeln darauf hin, dass der Weg zur Frauwerdung nicht vollständig abgeschlossen ist.

„Das ist schon faszinierend, die sehen echt gut aus", bemerkt Anja anerkennend. „Die Schönheitschirurgie scheint in Thailand hervorragende Arbeit zu leisten."

„Ja, auf dem Gebiet sind die Experten Weltklasse. Aber es ist eine lange Prozedur, aufwendig und teuer. Und nicht immer ist das Ergebnis so toll."

Das Phänomen der *Kathoey* ist ein echtes Faszinosum und es gibt unterschiedliche Theorien, warum gerade hier der Anteil der Transsexuellen so hoch ist. Eine Erklärung gründet im Buddhismus und besagt, dass Männer, die das Gefühl haben, im falschen Körper geboren zu sein, in ihrem früheren Leben Frauen schlecht behandelt haben. Nun müssen sie dafür Buße tun, indem sie als Kathoey leben.

„Gibt es auch die umgekehrte Form, also Frauen, die als Männer auftreten?" fragt Anja.

„Ja, aber längst nicht so viele. Weiter hinten in der Straße gibt es ein Restaurant, in dem ein *Tomboy*, eine Frau mit extrem maskulinem Auftreten arbeitet. Interessant finde ich auch, dass es hier unglaublich viele männliche Homosexuelle gibt, aber Lesbierinnen sind mir in Thailand noch nie aufgefallen. Irgendwie geht es doch immer nur um die männliche Sexualität."

Die männlichen Besucher, die an unserem Aussichtsplatz vorbeilaufen, schauen uns zwei Europäerinnen misstrauisch an, wie wir da so sitzen und sie beobachten.

„Schau mal der, der sieht uns an, als hätte er ein schlechtes Gewissen", lacht Anja.

„Vielleicht erinnern wir ihn an seine Frau. Wir können ja mal ganz böse gucken, mit einem Blick voller moralischer Abscheu."

Bei der Vorstellung muss ich laut lachen.

„Es ist schon irgendwie lustig, aber andererseits auch total traurig, diese Sache mit dem Sextourismus."

Anja schaut mich neugierig an.

„Wie funktioniert das eigentlich? Sind die Lokale gleichzeitig Bordell, oder wie läuft das ab?"

Bei der Frage muss ich grinsen.

„Nein, Prostitution ist in Thailand verboten, offiziell gibt es keine Bordelle. Die Auserwählten, egal welchen Geschlechts, werden von ihren Kunden mit ins Hotel genommen. Dafür muss der Gast in der Regel eine Ablöse an den Barbetreiber zahlen. Nicht selten besteht das Arrangement über mehrere Tage, häufig begleitet sie ihren Kunden auf seiner Reise durch das Land. Der kauft ihr dann unterwegs Kleidung und bezahlt alles, was sie braucht. Wenn sie Glück hat, wird er ihr fester Freund und unterstützt sie nach seiner Abreise weiterhin, vielleicht hat er sogar Heiratsabsichten. Manche Frauen halten sich mehrere Anwärter gleichzeitig, die ihnen aus dem Ausland Geld schicken. Wenn es für beide gut läuft, klappt es mit der Heirat und sie leben glücklich bis an ihr Lebensende, wie im Märchen!"

Ich erinnere mich an eine Szene, die sich mir vor einigen Wochen auf meiner Etage bot. Als ich morgens aus meiner Wohnung kam, lag eine junge Frau schlafend vor der Wohnungstür gegenüber. Der Aufmachung nach war sie eine Prostituierte, die von ihrem Kunden offenbar mitten in der Nacht vor die Tür gesetzt worden war.

Wir bestellen noch zwei Bier und fühlen uns wie im Kino.

Psychologen und Akupunktur

EINE GROSSE VERANSTALTUNG steht für unser kleines Büroteam im Mai bevor, die Eröffnung von *Eye of the Sky*, eine Wanderausstellung, die seit einigen Monaten durch Südostasien tourt und in Thailand Endstation macht. Gezeigt werden großformatige Satellitenaufnahmen von Veränderungen der Erdoberfläche, die durch Eingriffe des Menschen entstanden und aus dem All sichtbar sind. Darunter sind auch Aufnahmen von Thailand, die große Aquakulturflächen zeigen. Die Fotos kommen vom Deutschen Luft- und Raumfahrtzentrum DLR und in den letzten Monaten war es unsere Aufgabe, einen geeigneten Partner mit Räumlichkeiten für die Ausstellung zu finden und die Ausstellung öffentlichkeitswirksam zu bewerben.

Nach einigen Sondierungsgesprächen konnte das *National Science Museum* als Partner für die Ausstellung gewonnen werden, das uns seine Räume zur Verfügung stellt, und das auch noch kostenlos, so dass trotz des schmalen Budgets eine Ausstellungsdauer von vier Monaten möglich sein wird. Das Museum liegt verkehrsgünstig im *Chamchuri Square*, direkt neben dem Gelände der Chulalongkorn Universität. Die Ausstellung wird mit Aktivitäten für Schulklassen begleitet werden, bevor die Bilder anschließend zum Verbleib an Thailand übergeben werden sollen. Wir planen eine Eröffnungsveranstaltung mit über einhundert Gästen, darunter DAAD-Alumni, Vertreter thailändischer und deutscher Institutionen und natürlich der Botschaft.

Für den Auftakt mit den obligatorischen Eröffnungsreden und der hier üblichen *ribbon cutting ceremony*, dem Festakt mit gemeinschaftlichem Durchschneiden eines Bandes, habe ich einen klassischen deutschen Sektempfang geplant, mit Moselsekt und Salzbrezeln aus dem Schwarzwald. Dafür habe ich bereits vor Wochen drei Kisten Sekt und zehn Packungen Salzbrezeln direkt von der Zentrale des Villa Markets geordert, die uns vor der Veranstaltung ins Büro geliefert werden sollen. Am kommenden Montagabend ist es soweit, dann soll die Eröffnungsparty abends um sechs Uhr im Museum steigen.

Am Freitagvormittag klingelt Ploys Telefon und ich höre von meinem Schreibtisch aus, wie sie aufgeregt auf Thai diskutiert. Noch habe ich keine Ahnung, worum es geht, aber als sie den Hörer auflegt, ruft sie mir durch die geöffnete Tür zu:

„Du Caro, es gibt ein Problem wegen Montag. Der Sekt kann nicht geliefert werden, sie haben keinen mehr in Bangkok auf Lager, nur noch in ihrem Lager auf Koh Samui."

Das darf doch nicht wahr sein! Die Insel Koh Samui liegt hunderte Kilometer entfernt, wie soll der Sekt denn da pünktlich zur Veranstaltung am Montag hier sein?

„Oh, nein, das gibt's doch nicht!" schimpfe ich los und laufe rüber zu Ploy.

„Das fällt denen aber auch früh ein, die hätten ja mal ein paar Tage früher Bescheid sagen können!"

Ich bin echt sauer. Und etwas ratlos.

„Was sollen wir jetzt machen?" fragt Ploy. „Die wollen wissen, ob sie die drei Kartons von Koh Samui herbringen lassen sollen. Was soll ich denen sagen? Ich soll zurückrufen."

„Warte mal, vielleicht finden wir noch eine andere Lösung."

Das ist echt doof. Und wer weiß, wie der Sekt schmeckt, wenn er durch das halbe Land geschaukelt wurde. Oder sollen wir eine andere Marke nehmen, vielleicht italienischen Prosecco?

„Du Ploy, ich kaufe den Sekt immer bei mir um die Ecke in der Filiale Ploenchit, vielleicht kannst du dort anrufen, ob die noch ein paar Flaschen auf Lager haben. Warte, ich schau mal nach der Telefonnummer."

Im Internet recherchiere ich die Telefonnummer der Filiale und gebe sie Ploy.

„Wenn die noch mindestens zehn Flaschen haben, sollen sie die heute noch direkt hierher liefern lassen."

Ploy wählt die Nummer und telefoniert eine Weile. Zwar verstehe ich nicht, was gesprochen wird, aber Ploys Mimik lässt in mir die Hoffnung keimen, dass wir doch noch zu unserem Sekt kommen.

„Und bestell auch gleich die Salzbrezeln, wenn das klappt", raune ich ihr zu, während sie noch spricht.

Als sie den Hörer auflegt, wirkt sie deutlich entspannt.

„Ja, sie haben noch zwei Kisten im Lager, vielleicht auch noch ein paar Flaschen im Regal. Sie schauen mal nach und bringen es dann heute Nachmittag vorbei."

Uff! Das ist noch einmal gut gegangen. Und tatsächlich kommt kurz nach der Mittagspause das Liefermoped mit drei Sektkartons und zwei großen Tüten voller Salzbrezeln hinten drauf, jetzt ist der Sektempfang gesichert!

Als wäre das noch nicht genug Aufregung für den Tag gewesen, hat der Freitag heute noch mehr zu bieten. Am Nachmittag, kurz vor Ende der Beratungszeit, kommt Ploy in mein Büro, mit etwas Abstand folgt ihr ein älterer Mitteleuropäer in Shorts und grellbuntem Hawaii-Hemd, seine langen, grauen Haare hängen trostlos auf seinen Schultern. Spontan und natürlich politisch völlig unkorrekt sortiere ich ihn der Kategorie ‚deutscher Rentner mit thailändischer Frau, die am Goethe-Institut Deutsch lernt' zu.

„Du Caro, hier ist jemand, der dich sprechen möchte", kündigt Ploy mir den Besuch mit ratlosem Gesichtsausdruck an.

Ich komme hinter meinem Schreibtisch hervor und gehe auf den Besucher zu.

„Guten Tag, wie kann ich Ihnen helfen?"

Er schaut mich irritiert an.

„Ja, guten Tag. Ähm, eigentlich wollte ich den Direktor hier sprechen. Ist der nicht da?"

Der kommt mir gerade recht!

„Ja, da müssen sie schon mit mir Vorlieb nehmen, ich bin die Direktorin hier. Mit einem männlichen Pendant kann ich leider nicht dienen", entgegne ich ihm mit angespanntem Unterton.

„Ach so, ja dann. Also, ich hätte da ein Anliegen, vielleicht können sie mir helfen. Können wir uns setzen und ich erkläre ihnen die Sache?"

Das finde ich jetzt aber doch ziemlich dreist! Wo, bitteschön, kann man denn in Deutschland einfach irgendwo ohne Termin hereinplatzen und erwarten, dass der Chef oder die Chefin sich mal eben Zeit für ein ausführliches Gespräch nimmt? Ich muss mich sehr zusammenreißen, um bei meiner Antwort höflich zu bleiben. Es ist kurz vor vier Uhr und damit fast Ende der Beratungszeit und wir müssen für Montag noch viel vorbereiten, ich habe jetzt echt keine Zeit!

„Vielleicht sagen Sie mir erst einmal, um was es geht, dann sehen wir weiter, ob wir einen Termin vereinbaren. Wissen Sie, im Moment habe ich keine Zeit für ein längeres Gespräch, ich habe gleich noch einen Termin."

Er räuspert sich, offensichtlich hat er sich den Gesprächsverlauf anders vorgestellt.

„Ja, wissen Sie, ich wohne mit meiner Frau im Isan und komme ab und zu nach Bangkok. Ich bin Psychologe und hatte früher in Deutschland eine Beratungspraxis, da dachte ich mir, ich könnte doch auch hier was machen. Und Sie haben doch Kontakte zu thailändischen Hochschulen, da könnte ich Vorträge oder vielleicht auch Seminare halten, habe ich mir gedacht. Ob Sie da was vermitteln könnten? Ich habe es auch schon bei der Botschaft versucht, die haben mich an Sie verwiesen."

Da schau einer an, das hat er sich ja fein ausgedacht. Bevor ich antworte, mustere ihn noch einmal eingehend, wie er da in Flecktarnshorts und geschmacklosem Hemd mit ungepflegten Haaren vor mir steht. Eigentlich sollte ich ihn als Erstes über die Gepflogenheiten in Thailand aufklären. In seinem Urlaubs-Outfit mag er ja an den Strand von Pattaya passen, aber ganz sicher nicht in die akademische Welt. Selbst für ein Gespräch, wie wir es gerade führen, ist sein Auftreten absolut unpassend, sowohl nach deutschen, erst recht aber nach thailändischen Benimm-Standards. Mal ganz zu schweigen von seinem klassischen Geschlechterrollenbild, das ihn als Psychologen eigentlich schon total disqualifiziert. Nach dieser vernichtenden Spontananalyse schalte ich in meinem Kopf schnell wieder um auf Professionalitätsmodus.

„Da sehe ich leider keine Möglichkeit. Ganz abgesehen davon, dass die westliche Psychologie und deren Behandlungsansätze in asiatischen Ländern wie

Thailand keine Tradition haben, kann ich auch keine freischaffenden Dozenten an Hochschulen vermitteln. Das verstehen Sie sicher."

Die Enttäuschung ist ihm deutlich anzusehen.

„Ja, davon habe ich schon gehört, dass die Psychologie hier nicht so etabliert ist, aber ich dachte, dass ich gerade deshalb mit Vorträgen Grundlagenarbeit leisten könnte."

Ich überlege kurz.

„Wenn Sie Ihre Erfahrungen hier in Thailand einbringen möchten, empfehle ich Ihnen, Kontakt zum Deutschen Hilfsverein aufzunehmen, die könnten psychologische Beratungsangebote sicher gut einsetzen. Der Verein engagiert sich ehrenamtlich und kümmert sich um hilfsbedürftige Personen aus deutschsprachigen Ländern. Das wäre doch eine sinnvolle Betätigung."

„Aber dabei verdiene ich ja nichts!" Seine Enttäuschung schlägt in deutliche Verärgerung um.

„Tja, etwas anderes fällt mir leider nicht ein. An Hochschulen kann ich Sie jedenfalls nicht vermitteln." Mein Bedauern hält sich in Grenzen.

Sichtlich enttäuscht verlässt der Besucher unser Büro.

Als ich zu meinem Schreibtisch zurückkehre, wirft mir Tobias einen schelmischen Blick zu.

„Dem hast du es aber ganz schön gegeben."

Der Mann ist kein Einzelfall, schon öfter hatten wir seltsame Begegnungen mit deutschen Auswanderern.

„Was sich solche Leute nur denken!" entgegne ich nach einem verzweifelten Seufzer. „Weißt du, was wir bräuchten? Einen kleinen Info-Flyer, den wir schon vorne an der Tür aushängen. Darin klären wir erst einmal darüber auf, dass man professionell auftreten sollte, wenn man in diesem Land ernst genommen werden möchte. Wir sind hier doch nicht am Strand! Und dann diese Erwartungshaltung, dass wir deutschen Aussteigern Jobs vermitteln. Gar nicht zu reden von der Unverschämtheit, in der Leitungsfunktion selbstverständlich einen Mann zu erwarten! Nicht zu fassen!"

Langsam rede ich mich in Rage. Tobias kann sich das Lachen kaum verkneifen. Mit dem kurzen Ausbruch habe ich mich abreagiert, dann ruft wieder das Tagesgeschäft.

„Die Helfer für Montag kommen gleich, Tobias. Hast du die Helferliste für mich?"

Für den Montagabend haben wir ein paar Aushilfen engagiert, Absolventen der Deutschabteilung und Master-Studenten. Darunter ist auch Joy, der vor einigen Jahren noch unter seinem alten Spitznamen Joe den Masterabschluss gemacht hat und jetzt am Goethe Institut als Deutschlehrer arbeitet. Gelegentlich unterstützt er uns bei Veranstaltungen oder Messen. Joy und die anderen Helfer kommen heute um halb fünf für ein kurzes Briefing. Tobias ist dabei und wird am Montag die Koordination der Helfer übernehmen, die für die Anmeldung eingeteilt sind. Die anderen, die das Catering machen, wird Ploy koordinieren. Insgesamt sind wir dann zehn Personen, wobei ich mich, neben meiner Eröffnungsrede, vor allem um die zahlreichen Ehren-gäste kümmern muss.

Als Joy mit den anderen Helfern an unserem großen Tisch sitzt, bemerke ich, dass er unentwegt Tobias anstarrt und sich wenig auf meine Ausführungen konzentriert. Joy ist auf dem Weg zur Frauwerdung und trägt heute in den offenen, langen Haaren einen Haarreif und eine durchscheinende Damenbluse mit tiefem Ausschnitt, der freizügig einen gepolsterten BH sehen lässt, dazu eine mächtige goldene Halskette.

„Wichtig ist mir auch, dass ihr euch am Montag dezent kleidet. Gerne könnt ihr eure Studentenuniformen anziehen, also schwarze Hose oder Rock mit weißem Hemd beziehungsweise Bluse. Aber bitte nicht durchsichtig", füge ich hinzu und schaue Joy eindringlich an, der von Tobias vollkommen absorbiert scheint.

„Joy, weißt du, was ich meine?" spreche ich ihn direkt an.

„Äh, was? Ach so, ja, ich weiß schon. Businesslook anziehen. Alles klar."

Er hat ja schon öfter für uns gearbeitet und auch als Lehrer muss er sich professionell kleiden.

„Okay, habt ihr sonst noch Fragen? Weiß jeder, was er oder sie zu tun hat?"

Es folgt aufgeregtes Gemurmel auf Thai, Ploy beantwortet noch ein paar Nachfragen, dann sind wir fertig. Es ist fast sechs Uhr, bis ich aus dem Büro komme, aber dann ist alles vorbereitet für Montagabend.

Die Gäste kommen halbwegs pünktlich zur Eröffnung, der Sekt ist gut gekühlt und wird pur oder mit Orangensaft gemischt von unseren Helfern auf Tabletts angeboten. Auf Stehtischen stehen Salzbrezeln in kleinen Schälchen und ich freue mich, dass diese Art des Willkommens gut angenommen wird. Auch am Empfangstisch läuft alles, dort liegen Listen mit den Namen der angemeldeten Personen, die sich dort eintragen und als kleine Erinnerung an die Veranstaltung Postkarten mit ausgewählten Bildmotiven der Ausstellung erhalten. Eine halbe Stunde haben wir für das Eintreffen der Gäste geplant, dann kommen die Eröffnungsreden des Botschaftsvertreters, des Museumsleiters und von mir. Anschließend wird eine Meeresbiologin, die mit DAAD-Stipendium in Deutschland geforscht hat, durch die Ausstellung führen und einige der großformatigen Bilder erläutern, und zum Abschluss gibt es noch ein Büfett mit kleinen Snacks.

Die Exponate sehen toll aus! Jedes einzelne Bild ist hinterleuchtet und auf einem Stativ montiert, in Reihe stehen sie in zwei großen, abgedunkelten Räumen, was die einzelnen Motive effektvoll präsentiert. Die Mitarbeiter des Museums waren fast eine Woche lang damit beschäftigt, die Ausstellung aus den großen Frachtkisten auszupacken und fachgerecht aufzubauen. Ich bin vom Ergebnis echt beeindruckt und froh, mit dem National Science Museum einen professionellen Partner gefunden zu haben, der die Ausstellung in den nächsten Wochen auch didaktisch aufbereitet an Schulklassen vermitteln kann, die das Museum besuchen werden.

Nach Veranstaltungen gibt es mit dem Team immer eine Nachbesprechung mit Manöverkritik, so auch nach der Ausstellungseröffnung. Als es um den Einsatz der Helfer geht, kann ich mir eine Bemerkung nicht verkneifen.

„Ich war ja echt froh, dass Joy nicht wieder diese durchsichtige Bluse von neulich anhatte. Da konnte man ja fast bis auf seine nackte Brust sehen."

Tobias schaut mich irritiert an.

„Wieso ,seine'? Joy ist doch eine Frau, oder nicht?"

Ploy bricht unvermittelt in Gelächter aus.

„Nee, das ist doch keine echte Frau", klärt sie Tobias auf. „Weißt du nicht? Joy ist Kathoey und eigentlich Joe, ein junger Mann."

Tobias zieht die Augenbrauen hoch.

„Ach, echt? Das hab ich gar nicht gemerkt. Wir waren gestern Pizza essen. Ich hab echt gedacht, sie ist ne Frau."

„Du bist aber ganz schön naiv", lacht Ploy, „pass auf, ich glaube, er mag dich."

Ploy und ich tauschen wissende Blicke und Tobias wird ganz rot.

Als ein paar Tage später alle Helfer zum gemeinsamen Dankeschön-Essen zusammenkommen, sage ich zu Joy, der neben mir sitzt: „Ich habe gehört, du warst mit Tobias Pizza essen."

Joy schaut mich mit verkniffener Mine an.

„Ja, aber weißt du was? Einfach unglaublich! Tobias hat eine Pizza bestellt und sie dann ganz alleine aufgegessen! Ich hab gedacht, was ist das denn? Das macht man doch nicht!"

Ich muss mich ziemlich beherrschen, um mein Lachen zu unterdrücken. Bei Tobias scheint noch interkulturelle Aufklärungsarbeit geboten.

„Hast du es ihm erklärt?" frage ich Joy.

„Na ja, ich wollte nicht unhöflich sein oder ihn belehren."

Jetzt muss ich doch lachen.

„Na, aber mit damenhafter Zurückhaltung bist du dann aber nicht satt geworden, oder?"

Joy quittiert meine Frage mit einem gequälten Blick. „Nein. Ach, echt schade, dabei sieht Tobias so süß aus!"

Dieses Missverständnis ergab sich wohl aus den unterschiedlichen Essgewohnheiten beider Kulturen. In Deutschland bestellt jeder ein Gericht für sich – und isst es auch allein. In Thailand bestellt man gemeinsam für alle, und jeder probiert von allen Gerichten, die auf den Tisch kommen. Joy wollte höflich sein und hat die Bestellung Tobias überlassen, damit er für beide eine Wahl trifft. Aber Tobias hat nach deutscher Manier nur für sich bestellt und die Pizza dann auch allein gegessen, denn Joy wollte nicht unhöflich sein und ihn auf seinen Fehler hinweisen. Nun ja, nachdem Tobias jetzt auch über die Natur von Joy aufgeklärt ist, hat sich das mit einem Nachfolge-Rendezvous wohl auch erledigt.

Meine Nebenhöhlenentzündung ist nicht wirklich auskuriert, deutlich merke ich immer wieder den Druck im Kopf, aber Antibiotika möchte ich nicht schon wieder nehmen. Vielleicht sollte ich auf sanftere Behandlungsmethoden umsteigen und mal Akupunktur ausprobieren? Also recherchiere ich im Internet. Das Angebot ist größer, als ich gedacht hätte, an der *Hua Chiew Clinic* im Bezirk Chinatown gibt es gleich mehrere Spezialisten. Allerdings sind die Informationen fast ausschließlich auf Thai und das Krankenhaus ist für mich auch schlecht erreichbar. Schließlich stoße ich auf das *Kitjawet International Acupuncture Center*, das im gleichen Stadtbezirk wie das DAAD-Büro liegt. Ich könnte also nach der Arbeit im Büro dort vorbeischauen. Die Webseite listet das Behandlungsangebot auf, darunter Reiki und Akupunktur, aber auch Methoden, von denen ich noch nie etwas gehört habe, wie Auriculotherapie. Das klingt spannend! Ich vereinbare telefonisch einen ersten Beratungstermin am kommenden Donnerstag um fünf Uhr.

Für die Taxifahrt nehme ich sicherheitshalber die Adresse auf Thai mit, denn mein Ziel liegt in der Nebenstraße eines reichlich verwinkelten Viertels. Das Taxi hält schließlich vor einem Shophouse mit Schaufenster, auf dem der Name *Kitjawet Clinic* in großen Buchstaben zu lesen ist. In der Nachbarschaft liegen weitere Geschäfte, direkt nebenan ist eine Autowerkstatt und als ich aus dem Taxi steige, riecht es nach Reifengummi und Maschinenöl. Die Praxis ist geöffnet, im Empfangsbereich stehen eine schmale Theke und Plastikstühle, aber niemand ist zu sehen. Ich drücke leicht auf den Knopf der Tischklingel auf der Theke, die einen hellen Ton erzeugt.

"Hello", ruft es aus einem der hinteren Zimmer, „One moment, please."

Kurz darauf kommt ein Mann, den ich auf über siebzig Jahre schätze, mit schlurfenden Schritten den schmalen Gang entlang nach vorne.

"Hello", grüße ich, "*Sawasdee khaa*. My name is Carolin. I've made an appointment for today, five o'clock."

"Oh, yes, of course! Please, follow me."

Wir gehen in einen engen, dunklen Raum direkt hinter der Theke, der mit einem Schreibtisch und zwei Stühlen sowie einer Liege mehr als voll ist, außerdem stapeln sich in den Ecken viele Kisten mit Material wie Akupunkturnadeln. Ein Fenster gibt es nicht.

"Please, sit down. What is your problem?"

Er zwängt sich an den Kisten vorbei und setzt sich hinter den Schreibtisch, ich nehme auf dem Stuhl davor Platz. Dann schildere ich ihm mein Problem mit den Nebenhöhlen, erzähle von meiner Arbeitsumgebung und dass ich häufig dem Luftzug kalter Klimaanlagen ausgesetzt bin.

"Yes, you see, acupuncture can help to cure the infection. Maybe six to eight appointments and I will use acupuncture and auriculotherapy."

Sechs bis acht Sitzungen, um meine Nebenhöhlenprobleme loszuwerden, das klingt gut.

"I know of acupuncture, but can you explain the auriculotherapy to me?"

Es stellt sich heraus, dass Dr. Siri, der seine kleine Akupunkturpraxis meist allein und nur hin und wieder mit Unterstützung einer jungen Assistentin betreibt, neben der klassischen Akupunktur auch Ohr-Akupunktur mit kleinen Kügelchen praktiziert. Die Kügelchen sind aus gepressten Kräutern und werden auf bestimmte Reflexpunkte im Ohr geklebt, wo sie bis zu zwei Tagen verbleiben sollen.

"If I may ask, Dr. Siri, I saw on your website that a lot of your patients are foreigners and your English is very good. Have you practiced abroad?"

Gerne möchte ich mehr über seine Behandlungsmethoden, seine Klientel und vor allem auch seine Erfahrung wissen. Dr. Siri erzählt gern und sehr ausführlich, in der nächsten halben Stunde erfahre ich ziemlich viele Details aus seinem Leben.

Der Arzt ist eigentlich Gynäkologe und praktizierte viele Jahre im Ausland, dort setzte er auch schon Akupunktur zur Behandlung von Fruchtbarkeitsstörungen ein. Seit einigen Jahren betreibt er nun seine eigene Praxis in Bangkok und Hua Hin, seine Spezialgebiete sind Raucherentwöhnung, Rückenbeschwerden und unerfüllte Schwangerschaftswünsche. Er berichtet, dass seine Klientel sehr international ist und vor allem aus Russland, Australien und Westeuropa kommt. Da seine Frau bereits verstorben ist und die erwachsenen Kinder aus dem Haus sind, hat er sich ganz seiner Tätigkeit verschrieben. Mir scheint, dass ihn seine Aktivitäten auch vor der Vereinsamung bewahren.

Nach dem ausführlichen Gespräch, das vor allem Dr. Siri bestreitet, habe ich Vertrauen gewonnen und vereinbare eine Behandlungsreihe mit zwei Terminen pro Woche, die gleich heute starten wird.

"Please, follow me upstairs to the treatment room. You need to go to the toilet first?"

Das ist keine schlechte Idee, die Akupunktur wird sicher eine Weile dauern.

"You find it on your right hand side, next to the stairs", erklärt er während wir dem dunklen Gang nach hinten folgen.

Das Haus ist sehr schmal und scheint im Erdgeschoss außer dem Schaufenster vorne keine Fenster zu haben. Direkt vor dem Treppenabsatz ist die Tür zur Toilette, das sich als einfaches Badezimmer im thailändischen Stil entpuppt, auch hierhin dringt kein Tageslicht. Vermutlich ist das Haus nicht nur Praxis, sondern auch Wohnhaus, worauf die Utensilien und die Zahnbürste am Waschbecken schließen lassen.

Ich folge ihm die schmale Treppe nach oben. Dort liegen zwei Zimmer, die erste Tür steht offen und führt in einen winzigen fensterlosen Raum mit einer Liege, daneben ein kleiner Beistelltisch auf Rollen, auf dem medizinisches Behandlungsmaterial liegt.

"Now, please take off your shirt, lie down and cover yourself with the blanket."

Er verlässt den Raum und ich folge seinen Anweisungen, ziehe meine Bluse aus und lege mich auf die Behandlungsliege. Dort liegt ein dünnes Laken, mit dem ich mich bedecke, meinen Rock und die Unterwäsche habe ich anbehalten. Dr. Siri klopft nach wenigen Minuten, bevor er das kleine Zimmer erneut betritt.

"Okay, I start with the needles, very good quality, you know. I only use acupuncture needles from Japan, not the cheep ones."

Bevor er die Nadeln setzt, desinfiziert er die Einstichstellen sorgfältig mit einem getränkten Wattebausch, den er mit einer Zange hält. Den desinfizierten Stellen nach wird er vor allem im Gesicht, am Kopf und an Beinen und Füßen Nadeln setzen.

"Now try to relax, close your eyes."

Ich versuche, so gut es geht, mich zu entspannen, aber es ist schon ein komisches Gefühl, als er die Nadeln rund um die Augen und in die Kopfhaut einsticht. Dabei ist es nicht wirklich schmerzhaft, eher unangenehm. Erstaunlicherweise sind es die Fußpunkte, die dann wirklich weh tun, vor allem rund um die Knöchel und Zehen. Ich halte die Augen geschlossen, im Raum ist keine Bewegung mehr, aber Dr. Siri ist noch da. Plötzlich wird mir ganz heiß. Ich spüre ein Fließen in meinem Körper, hin zu meinem Kopf, das Gefühl bündelt sich im Scheitelpunkt. Fast ist es so, als würde etwas aus meinem Körper herausgezogen. Dann, so plötzlich, wie das Gefühl gekommen ist, hört es wieder auf und ich bemerke, wie Dr. Siri den Raum verlässt.

Wie lange ich so mit Nadeln gespickt wie ein Käseigel liege, weiß ich nicht, denn ich schlafe ein und erst als die Tür aufgeht, werde ich wach.

"Good morning!" ruft Dr. Siri fröhlich. "Did you have a good sleep?"

Ich bin noch etwas benommen, als er schon dabei ist, die Nadeln zu entfernen und die Stellen erneut zu desinfizieren.

"Now please dress up and I will meet you downstairs."

Unten im Behandlungsraum hat er einen zweiten Klappstuhl vor seinen Schreibtisch gestellt und sitzt mir jetzt direkt gegenüber.

"So tell me, did you feel anything special?"

"Yes", antworte ich und beschreibe dieses seltsame Gefühl, als ob etwas aus meinem Körper herausgeflossen wäre.

"Ah, interesting. Very good. You know, I did some Reiki. Thought it could help."

Es war meine erste Erfahrung mit Reiki und ich bin echt erstaunt, dass ich den Effekt so deutlich gespürt habe.

Auf dem Schreibtisch steht ein kleines Kästchen, darin liegen die Kügelchen für die Ohrakupunktur.

"Turn your head a bit."

Er tastet mein rechtes Ohr ab und sucht nach den richtigen Stellen, dann nimmt er eines der harten Kügelchen, presst es fest an und befestigt es mit einem winzigen Stück Gewebeklebeband. Als er mit beiden Ohren fertig ist, habe ich auf jeder Seite etwa zehn Kügelchen verteilt, von den Falten in der äußeren Ohrmuschel bis hin in den Eingang des Gehörkanals.

"You need to keep it like that for two days."

Ich denke nur: Hoffentlich fällt mir da keins in den Gehörgang, wenn ich nachts darauf liege! Und wie soll ich damit bloß die Haare waschen? Der Druck, den die Kügelchen ausüben, ist teilweise deutlich zu spüren.

"Some of them are stress therapy and for better sleep. You will see."

Zum Abschluss tätschelt er mir noch väterlich die Wange und lächelt mir aufmunternd zu.

"So, you come back on Monday? We need two appointments per week. Monday and Thursday would be perfect."

Als ich die Praxis verlasse, ist es bereits dunkel. Ein Blick auf mein Mobiltelefon zeigt, dass ich zwei Stunden in der Praxis war, gleich ist es sieben Uhr! Mist, dann schaffe ich es heute nicht mehr zur Yogastunde. Außerdem ist der Verkehr total dicht. Ich laufe ein Stück die Straße runter, bis ich zu einer größeren Querstraße komme und hoffe, dass mich dort ein Taxi mitnimmt und zur MRT-Station bringt. Bis ich zu Hause ankomme, ist es schon halb neun.

Ich bin todmüde und kann mich nach meinem Abendessen mit Vollkornbrot und Käse nicht mehr aufraffen, noch etwas zu lesen. Für heute war es wirklich genug. Im Internet schaue ich mir eine Doku und Nachrichten in der Mediathek an und gehe früh gegen zehn Uhr schlafen. Die Kügelchen drücken immer noch, davon eines ganz besonders. Mitten in der Nacht wache ich von dem Schmerz auf und bin so genervt, dass ich das Klebeband mitsamt der Kugel ablöse. Sofort hört der Schmerz auf und ich schlafe wieder ein.

Dinner bei der Prinzessin

"MADAME! MADAME!" ruft mir der Pförtner hinterher, wobei er den zweiten Vokal betont und in die Länge zieht. Mir missfällt diese Anrede, die hier für Ausländerinnen gebräuchlich ist. Vor allem seit ich weiß, dass *ma dam* auf Thai ‚schwarzer Hund' bedeutet und daher eher als Schimpfwort aufgefasst werden kann. Seither hat *Madame* für mich absolut nichts Respektvolles mehr. Ich komme gerade von einer Akupunktursitzung nach Hause und der Pförtner wedelt mit Post, die für mich gekommen ist.

"*Kop khun khaa*", bedanke ich mich bei ihm und ernte ein "*Krap!*" als Antwort. Auf Thai verwendet man geschlechtspezifische Ausdrücke, so beenden Frauen einen Satz mit einem lang gezogenen *khaa*, Männer hingegen mit einem schnittigen, kurzen *krap*. Überhaupt gibt es im Thai viel mehr Möglichkeiten, Status über Sprache auszudrücken. So gibt es Wörter, die nur gegenüber königlichen Hoheiten verwendet werden.

A propos königliche Hoheiten! Das Abendessen im Palast der Kronprinzessin Maha Chakri Sirindhorn steht bevor und ich bin schon total aufgeregt! Heute bekamen wir vom Büro der Prinzessin eine Liste mit Regelungen geschickt, die wir berücksichtigen sollen. Dazu gehört auch die sehr strenge protokollarische Kleiderordnung, nach der Frauen mindestens knielange Röcke oder Kleider tragen müssen, Hosen sind nicht erlaubt. Dazu geschlossene Schuhe und auf jeden Fall Strumpfhosen, nackte Beine sind verpönt. Die Blusen dürfen, wie an der Uni, nicht transparent sein und müssen auf jeden Fall die Schultern bedecken, ein tiefer Ausschnitt ist ebenfalls nicht gewünscht. Auch die Farbwahl ist eingeschränkt, Schwarz geht gar nicht, das kann die Kronprinzessin nicht ausstehen. Ihre Lieblingsfarbe ist Violett, wie auf ihrer offiziellen Webseite deutlich erkennbar ist.

Auch die Begrüßungszeremonie ist genau geregelt. Als Ausländerin komme ich zum Glück darum herum, mich vor der Prinzessin auf den Boden, oder sinnbildlich gesprochen, in den Staub werfen zu müssen, wie es von Thailändern erwartet und praktiziert wird. Bei mir tut es ein normaler Hofknicks. Als ich das lese, muss ich innerlich lachen! Als Vorschulkind habe ich den Knicks tatsächlich noch gelernt und musste ihn auch anwenden. Ich hätte nie gedacht, dass ich auf dieses aus feudalistischen Zeiten herrührende Ritual noch einmal in meinem Leben würde zurückgreifen müssen. Auch muss ich beachten, dass ich die Prinzessin nur dann ansprechen darf, wenn sie das Wort an mich richtet, und dass ich ihr nicht den Rücken zuwenden sollte. Der Besuch ist also eine echte Herausforderung, was Hofprotokoll und Etikette angeht. Ich bin ja schon so gespannt auf den Abend!

Es ist schon ein besonderes Privileg, zum Abendessen in den Palast eingeladen zu werden, aus diesem Anlass ist sogar extra die Generalsekretärin des DAAD mit der Referatsleiterin für Südostasien aus Bonn angereist. Außer uns DAAD-Vertreterinnen werden noch Ampha und Wilita von der Chula und die Präsidenten der Hochschulen dabei sein, die für die Kinderuniversität gewonnen werden sollen. Aber eigentlich stand deren Teilnahme schon in dem Moment fest, als die Kronprinzessin die Schirmherrschaft für die Kinderuni übernommen hat. Niemand würde es wagen, ein Projekt abzulehnen, das vom Königshaus unterstützt wird, ganz besonders nicht, wenn er oder sie im öffentlichen Dienst arbeitet. Übrigens stehen auf Majestätsbeleidigung hohe Strafen, dabei reicht es schon, sich abfällig oder kritisch in der Öffentlichkeit über den König zu äußern. Nicht zuletzt deswegen ist es nahezu unmöglich, mit Thailändern offen über dieses Thema zu sprechen.

Der große Abend beginnt mit einer Fahrt im Minibus. Gemeinsam mit den Kolleginnen von der Chula fahren wir die kurze Strecke von der Uni zum Sra Prathum Palast, der neben dem Einkaufszentrum Siam Paragon und dem Kempinski Hotel am Kanal liegt. Bei der Einfahrt auf das mit hohen Mauern umgebene Palastgelände wird der Wagen von uniformierten Wächtern genau untersucht. Mit Spiegeln kontrollieren Sie den Fahrzeugboden, unsere Papiere werden geprüft, die Liste der angemeldeten Personen mit den Passagieren im Bus abgeglichen. Dann dürfen wir noch ein Stück weiterfahren und halten direkt vor der Residenz. So wohnt also eine Prinzessin! Jeder aus der Königsfamilie hat eine eigene Residenz in Bangkok und dazu noch weitere im ganzen Land verteilt, wir werden also weder dem König noch der Königin über den Weg laufen. Die Inneneinrichtung ist tatsächlich sehr majestätisch, die Möbel sind antik und stehen hier sicher seit Eröffnung des Palastes. Der leicht muffige Geruch erinnert mich an Schlossbesichtigungen in Kindertagen. Im großen Saal ist eine lange Tafel für sechzehn Personen gedeckt, an der Wand hängt ein riesiges Ölgemälde der königlichen Eltern.

Vor der feierlichen Begrüßung können wir uns in das Gästebuch eintragen, das in einem kleinen Nebenraum ausliegt. Als alle Gäste eingetroffen sind, wird uns die Prinzessin angekündigt und wir stellen uns in einer langen Reihe auf. Wir sind fünfzehn Personen und das Protokoll sieht vor, dass uns die Prinzessin der Reihe nach die Hand geben wird. Dabei darf ich bloß den Hofknicks nicht vergessen! Ich stehe etwa in der Mitte der Reihe und kann beobachten, wie sich die anderen vor mir verhalten. Die Tür öffnet sich, es geht los. Die Prinzessin wird von einem Mitarbeitertross begleitet, die ihr jeweils die Namen der Person nennen, vor der sie steht. Sie hat ein sehr gewinnendes, offenes Lächeln, ihr rosafarbenes Seidenkostüm schimmert im Licht der Kronleuchter, die von der Decke hängen. Das halblange, schon ergraute Haar trägt sie offen, ja geradezu einfach frisiert, nur ein paar simple Haarklammern bändigen die Haarsträhnen hinter den Ohren, auch ist sie völlig ungeschminkt. Mit ihren roten Bäckchen, den strahlenden Augen und ihrem ungezwungenen Lachen könnte man sie glatt für eine einfache Frau vom Lande halten, wenn nicht dieses Brimborium um sie herum wäre.

Nach der Begrüßung begibt sich die Prinzessin zu Tisch, danach dürfen wir unsere Plätze einnehmen. Unsere Namen stehen auf Kärtchen geschrieben und stecken in silbernen Tischkartenhaltern, an meinem Platz lese ich ‚Dr. Corolin'. Das ist mal eine ganz neue Variante. Daneben steht die Menükarte des heutigen Festmahls. Kaum sitzen wir, holen alle um mich herum ihre Mobiltelefone heraus und fotografieren drauf los. Mir gegenüber sitzt ein Hochschulpräsident, den ich bei einem meiner Besuche bereits kennengelernt habe. Er ist besonders eifrig und grinst mir zu wie ein aufgeregter kleiner Schuljunge, als sich unsere Blicke treffen. Dummerweise habe ich mein Mobiltelefon in meiner Tasche gelassen, die ich abgeben musste, bevor die

Prinzessin den Raum betreten hat. So ein Mist! Den Abend über machen Mitarbeiter des Pressebüros der Prinzessin Fotos, vielleicht kann ich davon welche bekommen.

Das Essen beginnt. Die englischsprachige Menükarte kündigt zehn Gänge an, dazu französische Weine. Die Gerichte sind teils europäisch, teils thailändisch, das wird ein kulinarischer Parforceritt! Verschiedene Gläser, Teller und Bestecke sind an den Plätzen vorbereitet und warten darauf, in der richtigen Reihenfolge und Zuordnung benutzt zu werden. Den Auftakt macht eine klare Brühe, danach kommt ein gemischter Salat, gefolgt von gebratener Ente mit Orangensauce und Kroketten. Weiter geht es mit traditionellen thailändischen Gerichten, erst eine Suppe mit Eieinlage, gefolgt von einem scharfen Fischgericht, dann knusprige Reisnudeln mit Kräutern, anschließend frittierte Garnelen. Uff! Kurz vor dem letzten warmen Gang mit Hühnchen und Erbsen habe ich ernsthafte Zweifel daran, bis zum Dessert mit Kokossorbet durchzuhalten. Das Essen ist köstlich, zieht sich aber in die Länge, und auch wenn ich immer nur ein paar Happen von den servierten Speisen gegessen habe, werde ich sicher gleich platzen. So schnipple ich eher lustlos am Hühnchen herum, um zumindest den Anschein zu erwecken, dass ich auch davon noch probiere. Zum Glück gibt es dann erst einmal Kaffee, so dass ich vom Eisnachtisch immerhin probieren kann. Den abschließenden Gang mit Obst schenke ich mir allerdings.

Für Smalltalk lässt das Essen leider nicht viel Zeit. Neben mir sitzen die beiden jungen Expertinnen, die nach Deutschland zur Fortbildung reisen sollen, um das Konzept der Kinderuni kennenzulernen. Beide haben einen pädagogischen Studienabschluss und sind in der naturwissenschaftlichen Schulbildung aktiv. Dass sie darüber hinaus sehr nett und lustig sind, trägt zu einem unterhaltsamen Abend bei. Wir verabreden ein baldiges Arbeitstreffen.

Nach dem Essen gibt es noch Geschenke von der Prinzessin, die sie jedem von uns persönlich überreicht. Ich traue meinen Augen kaum, als der erste der thailändischen Gäste tatsächlich auf die Knie geht, um sein Geschenk aus den Händen der Prinzessin zu empfangen. Auch meine Kolleginnen gehen eine nach der anderen in ihren wie angegossen sitzenden Kostümen auf den Boden. Wir bekommen jeweils einen Buchkalender mit Fotos und Reiseerinnerungen der Prinzessin, dazu jeder ein kleines Körbchen mit *Luk Chup*, einem zuckersüßen thailändischen Nachtisch, der so aufwändig zuzubereiten ist, dass er früher den Adligen vorbehalten war. Es sind Miniaturnachbildungen von Früchten, die täuschend echt aussehen. Gemacht werden sie aus Sojabohnenpaste und schmecken – nach nichts! Enttäuschend fad und sehr süß. Aber nett sieht es allemal aus. Außer diesen königlichen Gaben nehme ich zum Andenken noch meine Menükarte mit. Der protokollarische Teil endet mit einem Gruppenfoto unter dem elterlichen Ölgemälde, dann ist unsere Besuchszeit auch schon zu Ende. Die Prinzessin zieht sich in ihre Privatgemächer zurück und alle Gäste machen sich auf den Heimweg.

In den nächsten drei Tagen komme ich kaum zum Durchatmen. Von morgens bis spät abends bin ich mit der kleinen DAAD-Delegation aus Bonn unterwegs und nehme Termine wahr, darunter ein offizieller Empfang an der deutschen Botschaft mit sechzig Gästen und Besuche am Goethe Institut, der Chula und diversen thailändischen Institutionen. Zwischendrin muss ich noch Unterricht halten. Am Wochenende bin ich total erschöpft und will eigentlich nur noch die Füße hochlegen und meine Ruhe haben, aber ich raffe mich doch noch auf und verabrede mich mit Steffi. Dieses Mal treffen wir uns im Third Floor Restaurant in der exklusiven Wittayu Road. Hier sind die Speisen den verschiedenen Blutgruppentypen zugeordnet. Der Trend kommt aus Japan, wo die Blutgruppenzugehörigkeit eine große Rolle spielt, bis hin zur Partnerwahl. Als ich ankomme, sitzt Steffi schon über die Speisekarte gebeugt.

„Hallo, meine Liebe", begrüße ich sie und wir umarmen uns herzlich.

„Meine Güte, war das vielleicht eine Woche! Ich bin total fertig", stöhne ich, als ich mich in die Polster der bequemen Sitzbank fallen lasse.

„Wahrscheinlich würde mir jetzt eher eine Bluttransfusion helfen. Aber gesundes Essen ist schon mal ein Anfang, auch wenn ich das ungute Gefühl habe, diese Woche mindestens drei Kilo zugenommen zu haben."

Steffi grinst, ihr Mitleid hält sich in Grenzen.

„Bei dir war ganz schön was los, was? Erzähl mal, wie war das Dinner bei der Prinzessin? Aber lass uns erst einmal bestellen. Schau mal, das sind die Empfehlungen für die einzelnen Blutgruppen. Meine ist Null. Was hast du für eine?"

Am Anfang der Speisekarte sind die Blutgruppen mit Ernährungshinweisen aufgeführt. Demnach wird für Blutgruppe Null Fleischkost empfohlen, wogegen für Blutgruppe A, die ich habe, vegetarische Kost besser sein soll.

„Na, das passt doch", sage ich, „ein leichtes Gemüsegericht wäre ganz nach meinem Geschmack heute."

Um uns herum sitzen vor allem gesundheitsbewusste Damen im mittleren Alter, wir sind also in bester Gesellschaft. Alle Speisen sind mit Zutaten aus biologischem Anbau zubereitet, der braune Reis ist ungeschält, auf Zusatzstoffe wie Glutamat wird selbstredend verzichtet. Ich bestelle gebratenes Gemüse mit frischen Kräutern und Reis, dazu einen grasgrünen Pandanus-Eistee. Steffi entscheidet sich für ein Steak mit Knoblauch und Pfeffer.

„Also, wie war's im Palast?", setzt Steffi erneut an und ich gebe eine Zusammenfassung des Abendessens. Steffi ist eine glühende Verehrerin des thailändischen Königs. Prinzessin Sirindhorn ist, genauso wie ihr Vater, in vielen sozialen Projekten engagiert und überaus beliebt.

„Ich kann sehr gut verstehen, warum die Thailänder sie so mögen. Sie wirkt total unkompliziert und sympathisch."

„Ganz im Gegensatz zu ihrem Bruder", rutscht es Steffi raus.

Um den Kronprinzen gab es einige Skandale wegen seiner drei Ehefrauen, und auch in Deutschland, wo er einen Wohnsitz in Bayern hat, war er wiederholt in den Schlagzeilen. Aber gemäß der Nachfolgeregelung wird er als einziger männlicher Nachkomme unter den vier Geschwistern den Thron der Chakri-Dynastie erben.

„Wusstest du, dass die Prinzessin einen Sommerpalast in Nordthailand hat? Dort wohnt angeblich auch eine gute Freundin von ihr."

Damit greift Steffi den weit verbreiteten Klatsch und Tratsch auf, wonach die Prinzessin, die mit ihren sechzig Jahren unverheiratet ist und die Gesellschaft ihrer Freundinnen einer Ehe mit einem Mann vorzieht.

„Ach, echt? Da oben wohnt auch ein Bekannter von mir. Ich wollte ihn schon lange mal besuchen."

„Vielleicht lädt dich Sirindhorn dann auch zum Essen ein. Aber weißt du, was mich nervt?", lästert Steffi gleich weiter, „Neulich war ich abends in Thonglor unterwegs, da haben sie mal wieder die ganze Straße für einen Konvoi der königlichen Familie abgesperrt. Ich musste ewig warten."

Wenn Mitglieder der Königsfamilie durch Bangkok fahren, wird die komplette Strecke abgesperrt. Dann stehen Uniformierte an Straßenrändern und Kreuzungen und sorgen dafür, dass weder Autos noch Fußgänger auf der Straße unterwegs sind. Manchmal steht man eine halbe Stunde oder länger, bis der Tross aus mehreren abgedunkelten Mercedes-Limousinen mit hoher Geschwindigkeit vorbeibraust. Prinzessin Sirindhorn kann man dabei leicht ausmachen, denn anders als ihre Familienangehörigen ist sie meist in einem Kleinbus unterwegs. Es gibt sogar einen eigenen Fernsehkanal, auf dem den ganzen Tag die königlichen Aktivitäten gezeigt werden.

Als unser Essen kommt, ist es, wie in den meisten guten Restaurants, sehr appetitlich angerichtet.

„Sieht gut aus, aber schmeckt ein bisschen fad", bemerke ich nach den ersten Bissen.

„Na ja", sagt Steffi, „sonst isst du wahrscheinlich eher scharf gewürzt und mit viel Glutamat drin. Da ist doch klar, dass das hier im Vergleich eher lasch schmeckt."

Wenn ich daran denke, wie sich Thailänder manchmal löffelweise Zucker, Essig oder Fischsoße auf ihre Gerichte schaufeln, ist das Essen hier äußerst dezent gewürzt. Ich versuche, mich mehr auf die feinen Geschmacksnuancen zu konzentrieren.

„Wollen wir nach dem Essen noch in einen Drink nehmen?" fragt Steffi.

Ich bin zwar todmüde, aber eigentlich ist es viel zu früh, um nach Hause zu gehen.

„Ja, warum eigentlich nicht. Aber nur einen. Ich bin echt geschafft. Wohin wollen wir?"

„Gehen wir ins *Long Table*? Das ist auch nicht so weit. Vielleicht bekommen wir noch einen Platz draußen auf der Terrasse, es ist ja noch früh am Abend", schlägt Steffi vor.

„Gute Idee. Dann lass uns ein Taxi nehmen."

Die Long Table Bar ist eine der in Bangkok sehr beliebten Roof Top Bars mit großer Außenterrasse und grandiosem Ausblick auf das kilometerweite Häusermeer der Innenstadt. Als wir ankommen, können wir noch zwei Barhocker im Außenbereich ergattern.

„Was machen die Männer?" frage ich ganz direkt, als zwei Gläser mit gut gekühltem Chardonnay vor uns stehen.

„Nix", kontert Steffi spontan, „Absolut nichts. Abgesehen davon, dass ich überhaupt keine Zeit habe, ist Thailand auch völlig ungeeignet, einen vernünftigen Mann kennenzulernen. Schau dich doch mal um."

Um uns herum sitzen Thai und Ausländer in kleinen Gruppen zusammen, darunter einige westlich-asiatische Paare, bei denen der Mann dem Typus finanziell gut situiert zuzuordnen ist, die Frau jung, modisch gekleidet und sehr attraktiv, vor allem aber asiatisch ist. Anders als im Rotlichtmilieu der Soi Nana mit

Etablissements wie dem Nana Plaza, wo meist ältere und oft auch ziemlich unansehnliche Männer für Entspannung und Unterhaltung bezahlen, verkehrt im Long Table die sogenannte Expat-Szene, also *Expatriots*, Ausländer mit gut bezahltem Job in Bangkok.

„Expats suchen sich doch meist eine Thailänderin. Du kennst doch die unzähligen Geschichten von Ausländern, die mit ihren Ehefrauen hierherkommen, sich dann irgendwann eine Geliebte anlachen und sich schließlich von ihren Frauen trennen."

Damit hat Steffi allerdings Recht. Immer wieder hört man solche Geschichten. Nicht selten sind die Ehefrauen zu Hause in Deutschland und ihre Männer sind beruflich immer mal wieder in der thailändischen Niederlassung ihrer deutschen Firma und leisten sich hier ein Doppelleben mit der Geliebten.

„Und ein thailändischer Mann kommt für mich auch nicht in Frage. Wenn sie nicht schwul oder schon halbe Frauen sind, sind das doch totale Machos", fährt Steffi mit genervtem Unterton fort. „Nein, danke. Für mich käme vielleicht noch ein arabischer Mann in Frage, die haben wenigstens Manieren im Umgang mit einer Frau."

Ich muss lachen.

„Ja, klar, da kannst du dich auch gleich in eine lange Schlange von Ehefrauen einreihen. Also nee, ein Araber wäre nichts für mich. Wusstest du, dass es gleich hier um die Ecke ein Bordell gibt, in dem fast ausschließlich russische Frauen arbeiten? Die sollen bei der überwiegend arabischen Kundschaft äußerst beliebt sein."

Steffi schüttelt den Kopf.

„Nicht zu fassen. Und auf dem Straßenstrich vorne an der Sukhumvit stehen die Schwarzafrikanerinnen. Ich finde das echt ätzend."

„Schade finde ich, dass Thailand im Ausland vor allem dieses Rotlicht-Image hat. Als gäbe es nichts anderes im Land als Urlaubsstrände und Prostitution. Morgens auf dem Weg zur Arbeit komme ich an den Bars vorbei, da sitzen manchmal noch die Kunden der Nacht davor, bierbäuchig und im Schießer-Feinripp-Unterhemd. Ein echter Augenschmaus."

Nachdenklich nippe ich an meinem Weinglas.

„Neulich hab ich eine E-Mail von Markus, meinem Ex-Freund bekommen, den ich seit zwei Jahrzehnten nicht mehr gesehen habe. Er möchte in Thailand Urlaub machen."

Steffi beugt sich neugierig vor.

„Ach, echt? Das ist ja mal spannend! Und, lädst du ihn zu dir ein?"

„Ich weiß nicht so recht, was ich davon halten soll. Eigentlich kenne ich ihn ja gar nicht mehr so richtig."

„Ach, das macht doch nichts. Wenn er nach Thailand kommt, könnt ihr doch ein paar Tage zusammen entspannt Urlaub machen. Es muss ja nichts passieren. Ist doch vielleicht gar nicht so schlecht?"

Unschlüssig verziehe ich die Mundwinkel.

„Ich weiß nicht. Und leider hatte ich in den letzten Tagen auch nicht wirklich Muße, darüber nachzudenken."

Steffi zuckt die Schultern.

„Schau halt mal. Übrigens, ich bin nächstes Wochenende zu einer Freundin eingeladen, sie feiert ihre Einweihungsparty. Hast du Lust mitzukommen?"

Das zu entscheiden überfordert mich heute total.

„Kann ich es mir noch überlegen? Ende der Woche muss ich für zwei Tage nach Chiang Mai. Ich gebe dir in den nächsten Tagen Bescheid, okay?"

Mit einem Panoramaausblick auf den Lichterteppich der Stadt lassen wir den Abend entspannt ausklingen.

Nach sechs Akupunktursitzungen haben meine Beschwerden schon erheblich nachgelassen. Dr. Siri hat seine Reiki-Künste noch einmal eingesetzt und wieder hatte ich das Gefühl, dass irgendetwas in meinem Körper fließt. Außerdem hat er mir einige Punkte gegen meine Schmerzen in der rechten Schulter gestochen, der Schulterbereich ist seither deutlich lockerer geworden, auch schlafe ich nachts besser. Insgesamt bin ich sehr zufrieden mit den Ergebnissen der Behandlung.

Am Donnerstagmorgen fliegen Ploy, Tobias und ich nach Chiang Mai zum Alumni-Treffen. Steffi habe ich abgesagt, ich werde nicht mit auf die Party gehen, stattdessen verlängere ich den Aufenthalt in Chiang Mai und bleibe bis Sonntag. Schließlich möchte ich auch Nordthailand kennenlernen. Im Internet habe ich für Samstag eine Tagestour zum *Elephant Nature Park* gebucht, etwa sechzig Kilometer nördlich von Chiang Mai. In dem Park werden kranke und misshandelte Elefanten aufgenommen und im Gegensatz zu den sonst üblichen Elefantencamps gibt es keine Vorführungen wie Elefantenfußball oder Elefantenreiten. Vielmehr sollen die Tiere möglichst natürlich gehalten werden, daher ist auch die tägliche Besucherzahl begrenzt und man muss sich vorab anmelden.

Bis dahin gilt es aber erst einmal, die Veranstaltung mit Alumni aus Nordthailand erfolgreich zu bestehen. Wir haben über sechzig Anmeldungen aus allen möglichen Hochschulstädten und unser Zimmerkontingent wurde fast ausgeschöpft. Das Programm beginnt, nachdem ich die Gäste offiziell begrüßt habe, mit der Eröffnungsrede der Vizepräsidentin der Universität Chiang Mai, danach folgen zwei Fachvorträge zu thai-deutschen Kooperationsprojekten und am Ende hält Ampha einen sehr unterhaltsamen Vortrag über kulturelle Unterschiede zwischen Thai und Deutschen. Die meisten Gäste lassen sich für das Fotoprojekt fotografieren und manche haben auch einen Gegenstand mitgebracht, der sie an Deutschland erinnert, darunter Bierseidel und Filzhüte, Fußballschals und Postkarten. Als ich mir die Fotos später anschaue, freue ich mich besonders über ein Foto mit einer kleinen Pappfigur. Es ist die Maus, die seit Jahrzehnten am Sonntagmorgen im deutschen Fernsehen den Kindern die Welt erklärt. Auch ich bin mir ihr aufgewachsen. Die Alumna hat in unserem Fragebogen angegeben, dass sie in ihrer Zeit in Deutschland jeden Sonntag die Sendung mit der Maus gesehen und dabei viel gelernt hat.

Mit das Wichtigste bei solchen Veranstaltungen ist in Thailand das Essen. Es muss gut, vor allem aber genug von allem für alle da sein. Nichts ist schlimmer als leere Platten und enttäuschte Gesichter. Also haben wir üppig bestellt und darauf geachtet, unseren Gästen neben regionalen Spezialitäten auch deutsche Gerichte wie Kartoffelsalat, Sauerkraut, Würstchen und gegrillte Schweinshaxe anzubieten. Die Nachfrage nach den deutschen Spezialitäten ist erwartungsgemäß hoch. Natürlich gibt es auch thailändische Gerichte, darunter sehr leckere Salate. Am Büfett kommt man miteinander ins Gespräch. Die Jazzband unterhält uns mit beschwingter Musik und als die letzten Gäste gegen halb zehn Uhr aufbrechen, können wir mit dem Abend zufrieden sein. In Thailand ist es nicht üblich, nach Abschluss des Essens noch lange sitzen zu bleiben und es gilt auch nicht als unhöflich, direkt danach zu gehen.

Am nächsten Vormittag macht unser kleines Büroteam noch einen Betriebsausflug. Ploy, Tobias und ich fahren mit einem Tuk Tuk auf den *Doi Suthep*, den mehr als anderthalb tausend Meter hohen Hausberg Chiang Mais, auf dem eine große Tempelanlage liegt. Danach spendiere ich den beiden noch ein spätes Mittagessen, bevor sie den Heimflug nach Bangkok antreten. Den Nachmittag verbringe ich in der historischen Altstadt, wo ich ziellos durch die Straßen bummle, lokal angebauten Kaffee trinke und mir eine Massage gönne. Ich bin schon gespannt auf die Elefanten morgen und gehe früh ins Bett, damit ich fit und ausgeschlafen für den Ausflug bin.

Pünktlich um acht Uhr werde ich am Samstagmorgen nach einem schnellen Frühstück am Hotel abgeholt. Wir fahren in einem überdachten Pritschenwagen, die Plätze auf den beiden schmalen Bänken sind schon fast alle belegt. Nach dem Halt an meinem Hotel steigen noch zwei weitere Gäste zu. Die Fahrt zum Camp geht nach Norden in die Berge, die letzte halbe Stunde rumpeln wir über eine staubige Schotterpiste und die dünn gepolsterten Sitzbänke federn die Stöße nicht ab. Ordentlich durchgerüttelt kommen wir im Elefantenpark an. In einem Vortragsraum gibt es eine kurze Einführung zum Projekt, dazu gehört auch ein Film über die qualvolle Prozedur des Elefantenzähmens. Vorab informiert man uns darüber, dass manche Szenen sehr brutal und nicht für Kinder geeignet sind. Am Ende bin ich nicht die Einzige, der Tränen in den Augen stehen.

Viele Elefanten hier haben schlimme Misshandlungen erlebt. Im Camp werden die Tiere nicht mehr als Touristenattraktion oder Arbeitstiere eingesetzt, sondern können sich frei auf dem Gelände bewegen. Die Besucher begleiten ihren Tagesablauf und so geht es als nächstes zur Fütterung. Mitarbeiter oder Volontäre aus dem Ausland, die für ihren Aufenthalt hier bezahlen und damit willkommene finanzielle Unterstützung leisten, bereiten das Futter vor. In einer großen Hütte liegen bergeweise Obst und Gemüse bereit, das grob in Stücke gehackt und auf Körbe verteilt wird. Die Elefanten warten schon ungeduldig, in einer Reihe haben sie sich hinter einem brusthohen Holzzaun aufgestellt, nervös schwingen sie ihre Rüssel hin und her. Jeweils zwei Personen werden einem Elefanten zugeteilt und füttern, was der Korb hergibt. Von der alten Elefantendame bis zum kleinen Elefantenkalb ist alles dabei, ich füttere Tad Dao, eine etwa dreißigjährige Elefantenkuh. Jeder Elefant hat einen eigenen Mahout, einen Betreuer, der die Geschichte seines Tieres erzählt. Elefantendame Tad Dao war früher in einer Elefantenshow, ihre leichte Gehbehinderung ist beim Laufen zu erkennen. Der Kopf ist ungewöhnlich stark behaart und als ich sie streichle, fühle ich die harten Borsten.

Nach ihrem Frühstück begleiten wir die Elefanten auf einen Spaziergang über das weitläufige Gelände. Die Mahouts bleiben auch jetzt an der Seite ihrer

Elefanten, auf ihnen zu reiten ist hier nicht erlaubt. Langsam zockelt die Karawane über die grünen Hügel, manchmal stoppen die Tiere und spielen mit Baumstümpfen, oder sie scheuern ihre ledrige Haut an einem Baum. Die Neugierigen unter ihnen tasten ihre Begleiter mit dem Rüssel ab und suchen nach Leckereien. Unser Ziel ist ein kleiner Fluss, dort bekommen wir Eimer, um die badenden Elefanten mit Wasser zu bespritzen. Die Tiere sind total entspannt und lassen uns ganz nah an sich heran. Am Nachmittag haben wir noch Zeit, das Camp mit seinen vielen anderen Tieren auf eigene Faust zu besichtigen, dann geht es zurück nach Chiang Mai, wo ich um halb sechs völlig durchgeschwitzt und mit intensivem Elefantenaroma eintreffe. Der Tag mit den Elefanten war ein ganz besonderes Erlebnis, und ich bin froh, dass ich die Tour gemacht habe.

Von Schlangen und Schweinen

Vor dem Semesterende stehen die Abschlussprüfungen mit Korrekturen an. Besonders gern unterrichte ich den Kurs Wirtschaftsdeutsch, in dem Studierende aus mehreren Studienjahren und mit unterschiedlichen Sprachniveaus zusammen sind. Der Kurs soll Fachvokabular vermitteln, aber auch auf berufliche Situationen vorbereiten, wie etwa Bewerbungsgespräche. Also haben wir im Semester nicht nur Wirtschaftsartikel zu aktuellen Themen aus der deutschen Presse gelesen, sondern auch Bewerbungssituationen geübt, vom Recherchieren nach Praktikumsplätzen über das Verfassen von Bewerbungsanschreiben bis hin zum Vorstellungsgespräch. Alles auf Deutsch. Gegen Ende des Kurses ging es in der Wortschatzarbeit auch um Grundlagen des Wirtschaftslebens. Das eher unbeliebte, weil als trocken und langweilig abgestempelte Thema möchte ich etwas auflockern, deshalb nehme ich große Bögen Papier und Malstifte mit in den Unterricht.

„Guten Morgen", grüße ich beim Eintreten in den von Klimaanlagen gut gekühlten Unterrichtsraum.

„Guten Morgen, Ajarn Carolin!"

Bis auf drei Studentinnen sind alle da, mit fünfundzwanzig Teilnehmern ist es eine große Gruppe.

„Hausaufgabe für heute war, den Text über die drei Wirtschaftszweige zu lesen. Wer kann mir die drei Wirtschaftszweige nennen, ohne in den Text zu sehen?"

Pla, eine Studentin aus dem zweiten Studienjahr, meldet sich.

„Primärsektor, Sekundärsektor, Tertiärsektor."

„Richtig, sehr gut." Ich drehe mich zur Tafel und schreibe die Begriffe nebeneinander.

„Und welche Wirtschaftsbereiche gehören jeweils zu den drei Wirtschaftszweigen?"

Gok, der im ersten Jahr studiert, aber nach einem Schuljahr in Deutschland sehr gut Deutsch spricht, meldet sich.

„Zum Primärzweig gehört die Rohstoffgewinnung, zum Sekundärzweig die Verarbeitung und zum Tertiärzweig die Dienstleistung."

Ich ordne die Begriffe an der Tafel zu.

„Das ist ja ein etwas trockenes Thema, das ich gern mit Leben füllen möchte. Und damit alle etwas mit den Begriffen verbinden können, möchte ich euch bitten, das zu visualisieren. Dafür habe ich euch Material mitgebracht." Ich halte die Papierbögen hoch und hole die Malstifte aus meiner Tasche.

„Bitte bildet fünf Gruppen und malt in jeder Gruppe ein Bild, das den Textinhalt über die Wirtschaftsstruktur abbildet."

Einige aus der Gruppe schauen mich mit großen Augen an.

„Um eure Motivation etwas zu steigern, werden am Ende alle Bilder von euch bewertet und die Gruppe mit den meisten Stimmen bekommt eine Tüte Haribo."

Ich ziehe eine Tüte Gummibärchen aus der Tasche und halte sie hoch. Die Studenten kichern und tauschen sich aus, wer in welche Gruppe geht.

„Ihr könnt die Texte verwenden, aber bitte unterhaltet euch bei der Gruppenarbeit möglichst auf Deutsch. Ich gehe von Gruppe zu Gruppe und unterstütze euch."

Die Aufforderung, Deutsch zu sprechen, wird natürlich nicht allzu ernst genommen, als sich die Gruppen in die Ecken des Raumes zurückziehen und eifrig mit der Arbeit beginnen.

Lebhafte Diskussionen entstehen, wie man den Inhalt bildlich darstellen könnte, und ich bin erstaunt, wie unterschiedlich die Umsetzungen sind. Alle sind engagiert dabei, auch diejenigen, die sonst eher zurückhaltend und ruhig sind, arbeiten fleißig mit. Nach einer dreiviertel Stunde hängen fünf farbenfrohe Bilder nebeneinander an der Wand und wir diskutieren, ob der Textinhalt treffend widergeben ist. Die Abstimmung ist knapp, aber schließlich wird ein Bild ausgewählt, das den Titel trägt: *Die drei Wirtschaftszweige für Dummies.* Es zeigt unter anderem eine Kuh und einen Apfelbaum für den Primärzweig und mehrere bunte Produkte wie Kleidung, Lebensmittel und Gebrauchsgegenstände aus Massenproduktion und dem Handwerk. Der dritte Bereich ist mit einer Bank und einem Restaurant dargestellt.

Wenige Wochen später sitzt die Gruppe aufgeregt vor mir und wartet darauf, dass ich die Abschlussprüfung verteile. In der ersten Prüfungsaufgabe sollen sie die drei Wirtschaftszweige anhand des Bildes, das ausgewählt wurde, beschreiben, aus dem Bild soll also wieder Text werden. Als ich die Klausurbögen verteile und die Studierenden das Bild erkennen, glucksen und kichern einige.

„Das Bild kennt ihr ja, sicher kann jeder von euch etwas dazu schreiben."

Als ich die Prüfungen später korrigiere, bin ich über die Ergebnisse überrascht. Zehn Punkte waren bei der ersten Aufgabe zu erzielen, davon fünf für den Inhalt. Bis auf die drei Studentinnen, die in der Malstunde gefehlt haben, haben hier alle vier oder fünf

Punkte erlangt. Verglichen mit der Textaufgabe, bei es um die Euro-Krise ging, ist die Bildwiedergabe deutlich besser ausgefallen.

Auf dem Weg zur Uni ist mir an meiner Sandale ein Riemen abgerissen. Bevor ich gegen Mittag ins Büro weiterfahre, mache ich einen kleinen Umweg über Siam Square, wo ein mobiler Schuster seinen Stand unter einer Fußgängerbrücke aufgebaut hat. Er steht an Wochentagen immer hier und schon als ich mich dem Stand nähere, rieche ich den penetranten Geruch des Klebers, der in einem großen Topf vor ihm steht.

Leider reichen meine Thai-Kenntnisse nicht aus, um die Situation zu beschreiben, aber er sieht auch ohne Worte sofort, was los ist. Mit einer Zigarette im Mundwinkel besieht er sich den Schaden und dreht den Schuh hin und her. Schließlich nimmt er einen kleinen Spatel und klebt den Riemen sorgfältig wieder in die Lücke zwischen den Sohlenschichten ein. Sicherheitshalber nimmt er zusätzlich einen winzigen Nagel, den er mit festen Schlägen von unten in die Schuhsohle hämmert. Während er mit meiner Sandale beschäftigt ist, kommt bereits der nächste Kunde. Sein Stand hat eine gute Lage, an Aufträgen scheint kein Mangel. Auf dem Boden liegen auf einer Pappunterlage ein paar Schuhe, die neu besohlt werden wollen. Der Schuster bedeutet mir, noch einen Moment zu warten.

"Sak khru na krap. Ha na thi." Einen Moment bitte, fünf Minuten noch.

Der Klebstoff muss wohl noch aushärten. Dann kann ich die Sandale gleich wieder anziehen, zahle zwanzig Baht und winke nach einem Taxi, das mich ins

Büro bringt. Im Auto verbreitet sich schnell der Gestank nach Kleber.

Im Büro angekommen, sprechen Ploy und ich unsere für nächste Woche geplante Dienstreise nach Hat Yai ab. Dieses Mal fliegen wir ganz in den Süden, an die Prince of Songkhla University. Neben dem Campus in Hat Yai hat die Universität noch vier weitere Standorte, darunter ein Campus in Pattani in der Grenzregion zu Malaysia. Die drei südlichsten Provinzen Pattani, Yala und Narathiwat werden immer wieder von Bombenattentaten gegen Regierungseinrichtungen erschüttert, neben Polizeistationen werden selbst Schulen angegriffen. Auch Hat Yai war wiederholt das Ziel von Bombenanschlägen. In dem Konflikt, der seit den sechziger Jahren schwelt und im Ausland weitgehend unbeachtet ist, geht es um den Unabhängigkeitskampf muslimischer Volksgruppen gegen die thailändische Staatsmacht.

Ein bisschen mulmig ist mir schon bei dem Gedanken, in die häufig von Bombenterror heimgesuchte Region zu fliegen, auch deshalb beschränken wir unsere Reise auf einen Tag und verzichten auf eine Übernachtung. Wir starten früh um acht Uhr in Bangkok und werden abends gegen sieben zurück sein, mit siebzig Euro ist der Hin- und Rückflug wirklich günstig. Vormittags halten wir einen Vortrag über die Studienmöglichkeiten in Deutschland und die Förderangebote des DAAD, danach treffen wir uns mit einigen Alumni zum Mittagessen. Zwar gibt es im Süden bei weitem nicht so viele ehemalige DAAD-Stipendiaten wie in Bangkok oder in Nordthailand, aber der Standort Pattani hat sogar eine kleine Deutschabteilung, die sich in den letzten Jahren tapfer gehalten hat. Für die dortigen Dozentinnen ist es allerdings schwierig. Keine Lektoren, Praktikanten oder Gastdozenten aus deutschsprachigen Ländern wagen sich in den Süden. Unser Besuch ist demnach auch eine Geste, die zeigen soll, dass wir die Arbeit der Kolleginnen unter den gegebenen schwierigen Bedingungen wertschätzen. Ich bin schon sehr gespannt auf den Austausch.

Während Ploy und ich die Namensliste der Alumni durchgehen, betritt eine Frau im Sari mit zwei Kindern den Vorraum. Zielgerichtet steuert sie den Wartebereich an und während sie auf die Kinder einredet, bedeutet sie ihnen, sich zu setzen.

„Was ist das denn jetzt?" Verwundert schaue ich Ploy an. „Wieder eine dieser verrückten Freitagsgeschichten?"

Die schrägen Dinge scheinen immer freitags zu passieren. Ploy geht nach vorne und spricht die Frau an.

"Can I help you?"

"Oh, hello. I come from the Indian Chamber of Commerce", antwortet diese mit deutlichem Akzent.

Die Indische Handelskammer liegt direkt bei uns um die Ecke.

"I was about to leave my children here for a while. It's nice and cool in here", höre ich ihre Erklärung. "You know, I have some errands to do and will be back in about an hour."

Das ist ja lustig! Jetzt werden wir schon zur Kinderauffangstation, so eine Art Smålland wie bei Ikea, wo man seine Kinder abgibt, bis die Einkäufe erledigt sind.

"I'm sorry, but you cannot leave your children here." Ploy bleibt zwar freundlich, hat aber schon diesen mir inzwischen sehr bekannten resoluten Unterton in der Stimme. Ich beschließe, sie in der Abwehrattacke zu unterstützen und folge ihr nach vorn.

"Hello. I overheard your conversation. I am very sorry, but you really cannot leave your children with us."

Die Frau, deren üppiger Körper in einen grünen Sari eingewickelt ist, schaut mich überrascht aus ihren schwarz geschminkten Augen an und startet einen weiteren Versuch.

"But why? I don't understand. It is too hot to leave them outside. You have air condition. They could do some reading or their homework", versucht sie es noch einmal und untermalt ihre Aussage mit dramatischer Mine.

Die Kinder, ein Junge und ein Mädchen im Grundschulalter, bleiben auf den Sesseln sitzen und schauen abwechselnd ihre Mutter und uns an.

„Das können wir doch nicht machen", wendet sich Ploy entrüstet an mich.

„Natürlich geht das nicht", stimme ich zu.

Der Inderin erkläre ich, dass wir hier keine öffentliche Einrichtung sind, die Kinder beaufsichtigt. Zu meinem großen Bedauern müsse sie eine andere Lösung finden, zum Beispiel ein öffentliches Café im nahen Q House. Zwar fände ich auch das unverantwortlich, wenn sie dort die beiden sich selbst überließe, aber ich bin mir ziemlich sicher, dass sie eine Lösung finden wird. Als ihr klar wird, dass wir uns nicht umstimmen lassen, zieht sie beleidigt ab und wir machen uns wieder an die Arbeit.

Am Flughafen von Hat Yai werden wir von einer jungen Dozentin abgeholt, die im International Business Management Programm der University of Songkhla am Campus Hat Yai unterrichtet. Die Abteilung ist unser erster Termin, dort treffen wir auf das ausschließlich weiblich besetzte Kollegium, das uns das internationale Studienprogramm vorstellt. Englisch und Chinesisch sind Unterrichtssprachen, mit denen man auch um ausländische Studierende wirbt. Malaysia liegt praktisch vor der Haustür, auch Indonesien und China sind wichtige Bildungspartner und es gibt Kooperationen und Austauschprogramme mit Hochschulen dieser Länder. Südthailand ist eine moslemisch geprägte Handelsregion mit traditionellen Beziehungen nach China und in die südostasiatische Welt. War früher vor allem Kautschuk Handelsware, sind jetzt auch die Rohstoffe der Palmölindustrie weltweit gefragt. Auf der Fahrt vom Flughafen in die Stadt sind wir an weitläufigen Plantagen mit Ölpalmen und Kautschukbäumen vorbeigefahren. Thailand liegt weltweit immer noch auf dem ersten Platz bei der Gewinnung von Naturkautschuk, bei Palmöl hält man immerhin Rang drei.

Die internationale Ausrichtung der größten Stadt in Thailands Süden zeigt sich auch im Flugplan, mehrmals in der Woche starten Flüge nach Kuala Lumpur in Malaysia, nach Kunming in China und nach Singapur, viele Touristen kommen für kurze Shoppingtrips in die Stadt. Als wir gegen Mittag auf dem Weg zum Restaurant durch das Stadtzentrum fahren, ist das geschäftige Treiben nicht zu übersehen. Die Stadt macht einen wohlhabenden Eindruck, mir fallen zahlreiche Juweliergeschäfte mit ihren üppigen Auslagen in stark glänzendem Gold auf. Ein beliebter Einkaufsartikel vor allem bei Chinesen. Auf der Straße fallen mir die vielen Frauen auf, die nach muslimischer Tradition Kopftuch tragen, wohingegen manche Männer lockige Haare haben. Die Hautfarbe der Menschen ist deutlich dunkler als in Bangkok. Westliche Touristen sehe ich nicht unter den Passanten, weshalb die Stadt auf den ersten Blick viel asiatischer und damit authentischer, aber auch fremder wirkt als Bangkok. Gerne würde ich aussteigen und einfach ein bisschen in der Stadt herumlaufen, aber unser enger Zeitplan lässt das nicht zu.

"Do German people really eat sausages every day?" fragt mich eine Professorin der International Business School, als wir beim Mittagessen zusammensitzen. Auch einige Alumni sind im Restaurant dazugekommen, mit ihnen wir sind zehn Personen am Tisch. Und Essen ist immer ein gutes Thema für Smalltalk.

"It's Germanys most traditional food, isn't it?" knüpft meine Tischnachbarin an ihre Eingangsfrage an.

Deutschland ist Würstchenland schlechthin, so jedenfalls die weit verbreitete Meinung in Thailand.

"We do indeed eat a lot of meat products, with a wide variety of sausages. But every region has its own traditions with regional food products. Sliced sausage is common for a cold dish in the evening, served with bread and butter. But if there is one common national dish, I would say it's the *Schnitzel* that comes in various types and heavy sauces, but can be found all over Germany."

Wir sitzen in einem gemütlichen Restaurant mit tropischem Garten irgendwo am Stadtrand von Hat Yai, außer uns sind kaum Gäste da. Bis unser Essen kommt, erzähle ich von typisch deutschen Gerichten wie dem Schnitzel, dem ich persönlich allerdings überhaupt nichts abgewinnen kann. Zwar bin ich keine

Vegetarierin, aber Schweinefleisch ist nicht so mein Ding.

Eine Kellnerin stellt uns abgedeckte Schüsseln auf den Tisch. Als meine Tischnachbarin den Deckel hebt, erkenne ich blau gefärbten Reis.

"Oh, it's blue! How do they do this?" frage ich neugierig.

"They use the blossom of blue pea for the colour", klärt mich meine Tischnachbarin auf.

Nach und nach werden weitere dampfende Schüsseln aufgetragen, auch bekommt jede von uns zwei kleine Schälchen mit unterschiedlichen Suppen hingestellt.

"You better be careful with the yellow soup, it's very spicy! Specialty from the south", werde ich gewarnt.

Vorsichtig probiere ich einen kleinen Löffel Suppe. Wow, das ist mal richtig scharf! Eigentlich habe ich mich in den letzten Monaten an die Schärfe der thailändischen Küche gewöhnt, aber das hier ist anders als alles, was ich bisher kannte. Das Brennen hört überhaupt nicht mehr auf, erste Tränen schießen mir in die Augen. Aber lecker schmeckt sie schon, die extrascharfe Suppe. Ich nehme noch einen Löffel, dieses Mal zusammen mit einem Stückchen Fisch, das in der klaren gelben Brühe schwimmt. Beim dritten Löffel geht es schon besser, die Geschmacksnerven haben sich an die Herausforderung gewöhnt.

Ich probiere von dem blauen Reis, auch um meine Geschmackssensoren wieder zu beruhigen. Trotz der Farbe schmeckt der Reis nicht anders als sonst auch. Es gibt ein Fischgericht und Garnelen, außerdem gemischtes gebratenes Gemüse und Frittiertes. Die Garnelen sind in einer süßsauren Soße mit Tamarindenmus gebraten. Auch die zweite Suppe probiere ich, sie ist leicht angedickt und erinnert mich an Nudelgerichte mit dicken Soßen aus der chinesischen Küche. Undefinierbare, gallertartige Stückchen schwimmen darin.

"What kind of soup is that?

"Oh, that is another special dish of the south, fish maw soup."

Fragend schaue ich Ploy an, die mir schräg gegenübersitzt.

„Fish maw? Ploy, was ist das?"

„Ja, also, wie das auf Deutsch heißt, weiß ich nicht. Das ist eine chinesische Spezialität, die bekommt man auch oft in chinesischen Restaurants. Man kann das getrocknet kaufen."

Ich nehme noch einen Löffel voll, wenn es denn schon so eine Köstlichkeit ist. Schmeckt aber irgendwie nach nichts.

„Ploy, aber das ist doch hoffentlich keine Haifischflossensuppe, oder?"

„Nee, keine Flossen. Das ist so ein Organ im Fisch, damit er schwimmen kann."

Das macht die Suppe auch nicht leckerer.

„Meinst du die Schwimmblase?"

„Ich glaub' schon."

Schwimmblasensuppe! Ich beschließe, den Rest einfach stehen zu lassen.

Nach dem Mittagessen verabschieden sich die Kolleginnen von den Wirtschaftswissenschaften und wir wechseln mit den Alumni in ein nahe gelegenes Café, wo wir uns in kleiner Runde auf Deutsch austauschen können. Eine Pharmazeutin ist darunter, die Forschung an thailändischen Heilkräutern betreibt und die Wirksamkeit der traditionellen thailändischen

Medizin untersucht, mit durchaus vielversprechenden Ergebnissen. Auch mit den beiden Kolleginnen der Deutschabteilung in Pattani tausche ich mich aus und lasse mir erzählen, wie die Situation an ihrem Campus ist. Als ich erfahre, dass nach Einbruch der Dunkelheit um sechs Uhr abends keiner mehr das Haus verlässt, aus Angst vor einem Terroranschlag, wird mir klar, warum keine ausländischen Dozenten dort arbeiten. Ich bewundere den Mut der Kolleginnen, die bleiben und nicht einfach an eine andere Hochschule im Land wechseln.

Der Nachmittag vergeht schnell bei den Gesprächen, bald müssen wir zum Flughafen aufbrechen. Auch die Kolleginnen haben noch eine weite Heimfahrt nach Pattani vor sich und sie wollen aus den genannten Gründen unbedingt vor der Abenddämmerung dort ankommen. Ein Alumnus, mit dem Ploy seit ihrer Zeit in Deutschland befreundet ist, bietet an, uns mit seinem Auto an den Flughafen zu bringen. Auf dem Weg dorthin windet sich plötzlich direkt vor uns eine große Schlange über die Straße, das Auto kann nicht mehr ausweichen und wir überfahren sie. Ploy und mir entfährt zeitgleich ein typisch thailändisches „Uuiii!" der Überraschung.

„Ja, es gibt so viele Schlangen hier im Süden", sagt unser Begleiter, fast entschuldigend.

„Immer wieder werden sie überfahren, weil sie oft auf den Straßen liegen, die am Tag durch die Sonne warm werden."

„Gibt es auch viele Giftschlangen hier?" frage ich.

„Oh, ja, viele! Man muss wirklich aufpassen."

Eigentlich hatte ich schon überlegt, ein paar Tage privat in den Süden zu reisen, aber das sollte ich vielleicht doch lieber sein lassen.

Als ich am Abend nach der Landung in Bangkok im Taxi vom Flughafen zurück in die Stadt sitze, klingelt mein Mobiltelefon. Es ist ein Skype-Anruf von Andreas, meinem Neffen. Ich habe kein gutes Gefühl, als ich rangehe, normalerweise skypen wir nur am Wochenende.

„Hallo Andy. Was gibt's?"

Die Verbindung ist gut, selbst hier auf der Autobahn, unterwegs im Taxi kann ich ihn klar und deutlich hören.

„Hallo Caro, die Oma ist im Krankenhaus. Ich wollte dir Bescheid geben. Sie ist gestern beim Einkaufen ohnmächtig geworden, der Notarzt hat sie direkt mit dem Krankenwagen in die Klinik bringen lassen."

Mir wird plötzlich ganz flau im Magen.

„Wie geht es ihr? Was hat sie?"

„Sie ist wieder bei Bewusstsein, es stehen noch ein paar Untersuchungen an. Aber bisher kann man noch nicht sagen, warum sie ohnmächtig wurde. Aber mach dir keine Sorgen, es geht ihr schon besser."

Ich fühle mich gerade sehr hilflos und weit weg. Meine Mutter ist mit ihren einundachtzig Jahren gesundheitlich zwar beeinträchtigt, aber sie hat keine lebensbedrohliche Erkrankung. Allerdings ist mir klar, dass in diesem hohen Alter schnell eine Verschlechterung eintreten kann.

„Ja, dann halte mich bitte auf dem Laufenden, wenn es was Neues gibt. Von hier aus kann ich ja leider gar nichts machen. Aber wenn es irgendwie kritisch wird, sagt mir bitte gleich Bescheid, ja? Können wir morgen nochmal in Ruhe skypen? Ich sitze gerade im Taxi, bin aber in einer halben Stunde zu Hause."

Andreas ist recht gelassen, was ich als gutes Zeichen deute.

„Mach dir mal keine Sorgen. Wenn was ist, melde ich mich gleich. Morgen kann ich nicht skypen, ich habe Spätschicht."

Das heißt, wenn ich Feierabend habe, ist er im Krankenhaus.

„Ich bin morgen an der Uni, aber nach dem Unterricht habe ich das Telefon auf jeden Fall an, du erreichst mich, wenn was ist."

„Okay, mach ich. Bis dann."

Ich schaue aus dem Seitenfenster des Taxis auf das in der Dunkelheit leuchtende Hochhauspanorama Bangkoks. Was mache ich hier? Die Stadt steht wie eine uneinnehmbare Festung vor mir und wirkt auf einmal sehr abweisend. Ich bin allein hier, meine engen Freunde und meine Familie sind fast zehntausend Kilometer entfernt. Meine Mutter liegt im Krankenhaus und ich kann sie noch nicht einmal besuchen. Wer weiß, ob ich sie überhaupt noch einmal sehen werde?

Am nächsten Morgen fahre ich mit der BTS zur Uni. Als ich an der Station Siam aussteige und die Treppen nach unten gehe, sehe ich eine alte Frau mit weißem, kurz geschnittenem Haar auf dem Bürgersteig sitzen, die um ein paar Münzen bettelt. Von hinten erinnert sie mich an meine Mutter und dieses Bild löst einen heftigen Schmerz in meinem tiefsten Inneren aus. Sofort schießen mir Tränen in die Augen und ich schluchze ungehemmt drauf los. Ich muss mich am Treppengeländer festhalten, um nicht völlig die Fassung zu verlieren. Um mich herum tobt die tägliche Rushhour, aber ich spüre nur Schmerz in mir, der alles andere überlagert. Ich verliere jedes Zeitgefühl, aber es sind nur ein paar Augenblicke, die ich so völlig in mich versunken dastehe. Schließlich gewinne ich meine Fassung wieder und gehe die letzten Treppenstufen hinunter. Als ich vor der alten Frau stehe, blickt sie mich aus kleinen Augen in einem von Falten zerfurchten Gesicht direkt an. Aus meinem Geldbeutel hole ich einen 50 Baht-Schein, den ich in ihre Hand lege. Sie schenkt mir ein Lächeln und erleichtert lächle ich zurück. Alles wird gut gehen, denke ich in diesem Moment.

Am Wochenende kommt die Entwarnung, meine Mutter wird Anfang der Woche aus dem Krankenhaus entlassen werden. Die Befunde sind normal, wahrscheinlich hat sie sich beim Einkaufen nur etwas überanstrengt. Mir hat es gezeigt, wie weit ich von allem weg bin. Natürlich war mir bei der Ausreise nach Thailand bewusst, dass immer etwas passieren kann, jeden Tag, nicht nur mit meiner Mutter. Ein spontaner Besuch ist dann einfach nicht machbar. Aber was wäre die Alternative? Nachdem mein Vater vor einigen Jahren gestorben war, wollte meine Mutter noch in ihrem großen Haus wohnen bleiben, ganz allein und immerhin eine gute Fahrstunde entfernt von meiner Schwester im Großraum Frankfurt. Damals wechselten wir drei Schwestern uns an den Wochenenden ab, zumindest alle zwei Wochen sollte jemand bei meiner Mutter sein und sie unterstützen. Damals wäre es für mich nicht in Frage gekommen, ins Ausland zu gehen und mich aus der Verantwortung zu ziehen.

Als meine Mutter dann zwei Jahre nach dem Tod meines Vaters nicht mehr allein wohnen konnte und zu meiner Schwester zog, traf ich die Entscheidung, noch einmal ins Ausland zu gehen. Möglicherweise werten das einige als egoistische Entscheidung, aber damit kann ich leben. Da ich keine eigenen Kinder habe, kann ich Dinge tun, die ich als verantwortungsvoller Elternteil wohl nicht machen würde. Motorradfahren zum Beispiel, oder eben im Ausland leben. Mein Anspruch ist, das Beste aus einer Situation zu machen, denn ein Misserfolg oder Scheitern bietet auch immer neue Chancen. Zwar muss ich auf die Erfahrung verzichten, Kinder zu haben, aber dafür erlebe ich viele andere Dinge, die mir wertvoll sind.

Ende Juli mache ich noch einen Abstecher in den Norden zu Werner und seiner Frau Bua. Schon vor einiger Zeit hatten mich die beiden eingeladen und endlich möchte ich mein Versprechen einlösen, sie zu besuchen. Sie haben im Heimatdorf von Bua ein Haus gebaut, im Norden an der laotischen Grenze.

Wieder bringt mich Nok Air an mein Ziel, allerdings fliege ich dieses Mal mit einer kleinen Propellermaschine, die während des Flugs ordentlich dröhnt und klappert. Nach der Landung verlassen die wenigen Passagiere das Flugzeug eine winzige Gangway hinunter und zu Fuß über das mit Betonplatten gepflasterte Rollfeld. Auch diese Maschine ist mit dem typischen Vogelkopf bemalt, der Schnabel scheint mir zum Abschied zuzulächeln. Einzelne Gepäckstücke werden direkt aus dem Bauch des Flugzeugs auf einen Pickup verladen. Das Flughafengebäude ist ebenfalls winzig, schnell haben sich die Ankommenden mit ihren Angehörigen verlaufen und ich stehe allein draußen vor der Ankunftshalle. Werner ist nirgends zu sehen.

"Taxi?" spricht mich ein Mann an.

"No, thank you. *Mai ao, khap khun khaa.*" Danke, ein Taxi brauche ich nicht, entgegne ich kopfschüttelnd. Es würde mir auch nicht weiterhelfen, denn ich könnte keine Adresse nennen, ja ich weiß noch nicht einmal, wie das Dorf heißt, in dem Werner und Bua leben. Nach einer weiteren halben Stunde werfen mir die Mitarbeiter des Flughafens neugierige Blicke zu. Schon ärgere ich mich, dass ich Werners Mobilnummer nicht parat habe und überhaupt nicht vorbereitet bin auf diese Situation. Das war echt dumm von mir! Was mache ich jetzt? Soll ich gleich den nächsten Flug zurück nach Bangkok nehmen? Immerhin geht heute nur noch eine einzige Maschine zurück.

Die Entscheidung wird mir abgenommen, als ein Auto neben mir hält. Der Fahrer, ein kleiner Mann mittleren Alters, lässt das Fenster herunter.

„*Ajarn Jerman? Khun Calolin?*"

Verdutzt trete ich an das Auto heran.

"Yes. *Chai, chai.*", bestätige ich.

"*Phuut thai, chai mai?*" Auf seine Frage, ob ich Thai spreche, kann ich nur mit n*itnoi*, ein bisschen, antworten. Damit hat sich wohl auch schon die Gegenfrage erübrigt, ob er Englisch versteht. Aus seiner nachfolgenden Erklärung werde ich nicht wirklich schlau, intuitiv kapiere ich, dass er mich zu Werner fahren will. Okay, ich habe keine Wahl, also steige ich in das etwas klapprige Taxi ein, das sich umgehend in Bewegung setzt.

Werner hatte mir erzählt, dass es vom Flughafen bis zum Dorf fast eine Stunde Fahrtzeit ist, und so ergebe ich mich in mein Schicksal und betrachte während der Fahrt die vorbeiziehende bergige Landschaft. Die Straße ist sehr kurvenreich, aber relativ gut ausgebaut und unterwegs passieren wir eine lange Baustelle, an der die Straßenbauer neuen Asphalt aufbringen.

Wir fahren nach Nordosten, Richtung Grenze, wo die Berge immer höher werden.

Wir kommen schließlich in ein Dorf, in dem der Fahrer kurz anhält, um zwei Männer auf der Straße anzusprechen. Von dem Gespräch verstehe ich nur *farang*, Ausländer, das Wort fällt mehrmals. Das macht mir wieder einmal deutlich, dass man in Thailand immer Ausländer bleibt, egal, wie lange man hier lebt und wie sehr man sich um Integration bemüht. Nach einigen Straßenbiegungen und Abzweigungen halten wir schließlich vor einem großen Tor. Der Fahrer hupt kurz, und sofort schießt ein flauschiger Wachhund aus seiner Hütte hervor und kündigt uns mit lautem Gekläffe an. Als ich aussteige, sehe ich schon Werner vor das Haus treten.

„Moment", ruft er mir zu, „ich muss erst den Hund an die Leine nehmen." Bis mein Gepäck aus dem Kofferraum ausgeladen ist, steht Werner neben mir und wir umarmen uns herzlich, auch seine Frau Bua kommt dazu, mit einem strahlenden Lächeln im Gesicht.

„Herzlich Willkommen. Schön, dass du uns endlich mal besuchst! Und entschuldige, dass wir dich nicht vom Flughafen abgeholt haben, aber unser Wagen ist kaputt. Ich musste ihn heute Morgen in die Werkstatt bringen, mit der Bremse stimmt was nicht", erklärt Werner gleich die missglückte Abholung vom Flughafen.

„Oh, mein Gott, wie gut, dass ihr das noch gemerkt habt. Nicht auszudenken, mit einer kaputten Bremse auf den kurvigen Bergstraßen hier. Hello, Bua! So good to see you!" begrüße ich Bua, die zwar kein Deutsch, aber für eine Frau aus der abgelegenen Provinz außergewöhnlich gut Englisch spricht.

"So happy to see you", begrüßt sie mich ebenfalls mit einer Umarmung. Werner regelt noch die Bezahlung des Taxifahrers, während ich mit Bua zum Haus gehe, ein Bungalow in thailändischem Stil mit großer, schattiger Veranda. Das Gebäude steht auf einem weitläufigen Gelände, das noch viel Platz für weitere Bauprojekte bietet. Wir nehmen Platz auf der Veranda und der Hund beruhigt sich wieder, Werner hat ihn vorsichtshalber an die Leine der Hundehütte gelegt. Es ist ein *Baan Kaew*, erklärt mir Werner, eine thailändische Hunderasse, die für ihre Wachsamkeit bekannt ist.

"You want something to drink?" fragt Bua.

"Oh, yes, please." Mein Hals ist in der Tat staubtrocken.

"What can I bring you? Werner, you want some beer?"

Werner nickt und so schließe ich mich an.

"I take some water, please. And if you don't mind, I will join Werner and have a beer, too. So we can celebrate the reunion."

Bua verschwindet in der Küche, die im hinteren Teil des Hauses liegt, um kurz darauf mit kühlen Getränken zurückzukehren. Werner und ich stoßen mit Bier auf das Wiedersehen an, Bua hält sich an Cola.

"What a nice place. You have such a beautiful home!" sage ich nach dem ersten Schluck.

„Ja, es ist schön hier", entgegnet Werner, der beim Gespräch keinerlei Rücksicht darauf nimmt, dass seine Frau kein Deutsch versteht. Das mag auch daran liegen, dass Bua wiederum in Gesellschaft ausschließlich Thai spricht, ohne Rücksicht auf Werner zu nehmen, der kein Thai versteht. Und Gäste scheinen täglich zu ihnen kommen, wie ich im Laufe des Abends erfahre. Wir sitzen noch keine halbe Stunde auf der Veranda, als schon der erste Nachbar auftaucht, neugierig auf die neue Ausländerin. Gastfreundlich holt Bua auch für ihn ein Bier aus dem Kühlschrank, kurz darauf kommt ein weiterer Gast hinzu. Leise unterhalten sie sich mit Bua, und das Gespräch dreht sich dabei ganz offensichtlich um meine Person.

„Lass uns noch einen kleinen Spaziergang durchs Dorf machen, bevor wir zu Abend essen", schlägt Werner vor. Es ist spät am Nachmittag und die Sonne wird bald untergehen.

„Eigentlich wollten wir morgen mit dir einen Ausflug in die Berge unternehmen, aber da wir das Auto erst gegen Mittag aus der Werkstatt zurückbekommen, ist die Zeit zu knapp. Du fliegst ja morgen auch schon wieder zurück."

Tatsächlich ist mein Besuch hier mit nur einer Übernachtung sehr kurz, aber ich möchte auch kein großes Besichtigungsprogramm mit stundenlangen Autofahrten.

„Ach, das ist schon in Ordnung. Ich bin froh, euch zu sehen und das Dorfleben ein bisschen kennenzulernen. Also, lass uns eine Runde drehen, ich bin bereit und habe lange genug im Flugzeug und Auto gesessen."

Wir verlassen das Grundstück und schlendern die schmale, staubige Dorfstraße entlang. Die Menschen, denen wir unterwegs begegnen, grüßen freundlich und wechseln ein paar Worte mit Bua, dann schauen sie uns neugierig hinterher.

„Wir leben hier sehr ruhig und beschaulich, viel Abwechslung gibt es nicht", erklärt Werner. „An den Wochenenden fahren wir häufig in die Stadt und kaufen ein, dort gibt es einige Geschäfte. Wenn wir dich morgen an den Flughafen bringen, zeigen wir dir wenigstens noch die Hauptattraktion der Stadt, Wat Phumin mit seinen berühmten Wandmalereien. Du hast sicher schon davon gehört, oder? Bua, we will go to Wat Phumin tomorrow, yes?"

„Offen gesagt, bin ich völlig unvorbereitet zu euch gekommen. Ich habe noch nicht einmal deine Mobilnummer dabei. Ich wäre ganz schön aufgeschmissen gewesen, wenn du mir kein Taxi an den Flughafen geschickt hättest." Und zu Bua gewandt ergänze ich: "I almost know nothing about the region and Nan, I only heard something about the beautiful mural paintings from a colleague."

Schon haben wir den Dorfrand erreicht und stehen inmitten einer Bananenplantage, dahinter beginnen Reisfelder. Zwar ist es heiß, aber die Luft ist nicht so stickig wie in Bangkok. Jetzt, kurz vor Sonnenuntergang, hört man Vogelstimmen in den Bäumen. Gern würde ich mich einen Moment einfach irgendwo hinsetzen und den Vögeln zuhören. Doch Werner scheint froh zu sein, Deutsch reden zu können. Pausenlos erzählt er mir Geschichten von den Nachbarn, von Buas Familie und ihrer Herkunft aus ärmlichen Verhältnissen, von seinen Kindern in Deutschland und seinen Plänen für die Zukunft. Ich muss an den Skandinavier in Hua Hin denken, der in seinem Dorf außer seiner Frau niemanden hat, mit dem er reden kann.

„Gibt es hier noch andere Ausländer?" frage ich Werner.

„Ja, auf der anderen Seite des Dorfes wohnt ein Australier. Aber den sehe ich kaum. Und dann gab es einen Schweizer, der ist dann wieder weggezogen."

„Hast du mal überlegt, Thai zu lernen?"

Werner lacht. „Ehrlich, dafür bin ich zu alt. Mit Sprachen hab ich es auch nicht so, ich bin eher technisch begabt. Nein, das geht schon so. Bua spricht ja auch sehr gut Englisch."

Werner war vor seinem Ruhestand Ingenieur und hat während seiner Berufstätigkeit immer wieder Projekte in Thailand betreut. Bei seinen Aufenthalten in Bangkok lernte er Bua kennen, die in im Hotel arbeitete. Sie kannten sich zehn Jahre, als Werner beschloss, seinen Lebensabend in Thailand zu verbringen. Seine Ehe in Deutschland war schon lange geschieden worden, die langen Auslandseinsätze hatten an dieser Entwicklung wohl einen erheblichen Anteil.

Wir drehen um und gehen zurück zu den Häusern bis zum zentralen Dorfplatz, auf dem sich gerade über ein Dutzend Männer versammelt haben. Drei von ihnen halten ein zappelndes Schwein fest, das direkt hier auf der vorbereiteten Schlachtbank geschlachtet und zerteilt werden soll. Als wir näherkommen, fixieren die Männer das in seiner Todesangst panisch quiekende Schwein mit Seilen. Die übrigen Dorfbewohner stehen fachsimpelnd im Kreis um die Szene herum, es herrscht Feierstimmung, Schnaps wird herumgereicht, dem schon stark zugesprochen wurde.

„Möchtest du dir das Spektakel ansehen?" fragt mich Werner. „Das ist ein richtiges Schlachtfest, es wird bis spät in die Nacht gefeiert. Nachher wird das Fleisch an alle verteilt."

Ich muss nicht unbedingt dabei sein, wenn sich eine Männerhorde sinnlos betrinkt, und dem blutigen Schlachtakt möchte ich auch nicht beiwohnen.

„Ehrlich gesagt bin ich nicht so scharf darauf. Ich kann sowieso kein Blut sehen. Am Ende müsst ihr mich noch zurücktragen, weil ich ohnmächtig geworden bin."

Wir verlassen also die Meute, das Gejohle der Männer und die Todesschreie des Schlachtopfers begleitet uns noch ein ganzes Stück auf dem Heimweg. Zum Abendessen gibt es Fischsuppe, worüber ich nach dem Erlebnis auf dem Dorfplatz echt froh bin.

Verliebt in Bangkok

NOCH ZWEI WOCHEN KORREKTURPHASE mit mündlichen Prüfungen und eine Notenkonferenz, dann kann auch ich endlich Urlaub machen. So sehr ich mich auf die Auszeit freue, überfällt mich dennoch ein flaues Gefühl, wenn ich an meinen nächsten Besucher aus Deutschland denke. Ende der Woche wird Markus eintreffen, mein Ex aus Studienzeiten. Er wird ein paar Tage bei mir in Bangkok verbringen, anschließend fahren wir eine Woche auf die kleine Insel Koh Samed.

Markus und ich hatten uns total aus den Augen verloren, bevor er mich im Internet wiederfand. Aus Langeweile hatte er eines Abends die Namen alter Bekannter in Google eingegeben und in Kombination mit meinem Namen poppte plötzlich der Sehnsuchtsort Bangkok auf. Er schrieb mir eine E-Mail an meine Büroadresse und kurz darauf hatten wir über Skype Kontakt. Schnell war bei Markus die Idee geboren, sich endlich einen lang gehegten Traum zu erfüllen und in Bangkok *Muay Thai*, Thaiboxen zu lernen. Als ich ihm erzählte, dass eine Bekannte von mir in den Trainingsräumen des Boxstadions Trainerstunden nimmt, war Markus nicht mehr zu halten.

„Bitte, Caro, kannst du mal deine Bekannte fragen, wie das funktioniert und mir für eine Woche Trainingsstunden buchen?" hatte er mich wiederholt gelöchert. „Und in der zweiten Woche machen wir dann bilderbuchmäßigen Strandurlaub, da kennst du dich doch sicher super aus und weißt, wo man hinfahren kann. Lass uns die zweite Woche gemeinsam verreisen, das wäre doch toll!"

Okay, dann bin ich mal eben Reisebüro und Touristenführerin. Das Lumphini Boxing Stadium liegt um die Ecke des DAAD-Büros. Also mache ich nach der Arbeit einen kurzen Abstecher dorthin, nachdem mir Doris, die an der Deutschen Botschaft arbeitet, den Namen des Trainers gegeben hatte.

Der schmale Eingang zu den Trainingsräumen führt mich über eine Treppe in den ersten Stock in einen großen, mit Matten ausgelegten Raum. Es riecht nach Schweiß. Als ich den Kopf in den Trainingsraum stecke, sehe ich zwei Männer an die Wand gelehnt auf Matten ausruhen.

"Hello, *sawasdee kha*", grüße ich. "I am looking for khun Pat, the muay thai instructor. Do you know where I can find him?"

Die beiden blicken mich verschlafen an.

"*Sawasdee krap*, Pat, is me", antwortet mir der Ältere von beiden, bleibt dabei aber in seiner bequemen Ruhestellung liegen.

"Khun Doris, the lady from the German Embassy, gave me your name. She takes lessons with you and I would like to book some lessons, too."

Pat mustert mich. "You want to learn muay thai? Sure, can do."

"Oh, no, not me. A friend of mine. He will be in Bangkok next week and take some lessons, if possible."

Pat, immer noch sehr schläfrig, überlegt kurz. "No problem. You call me some day before to make sure."

Und das war's dann auch schon. Keine komplizierte Anmeldeprozedur, kein Formular, keine schriftliche Bestätigung, nichts. Ich bekomme lediglich eine Visitenkarte von Pat mit seiner Mobilnummer in die

Hand und schon bin ich wieder draußen auf der Straße.

„Na, ob das mit dem Training dann tatsächlich auch was wird?" zweifelt Markus bei unserem letzten Skype-Gespräch vor seinem Abflug.

„Das wird schon klappen. In Thailand funktioniert alles irgendwie, auch wenn man im scheinbaren Chaos vorher oft nicht so genau weiß, wie. Hier geht man die Dinge eben entspannter und weniger strukturiert an." beruhigte ich ihn, bin mir aber selbst nicht ganz sicher, ob Pat in seiner Schläfrigkeit wirklich verstanden hat, was ich von ihm wollte.

Einen Tag vor der Ankunft von Markus rufe ich wie vereinbart noch einmal bei Pat an. Es klingelt nur kurz, bis jemand das Gespräch annimmt.

"Hello, my name is Carolin. I came by the other day to make an appointment for muay thai training lessons for my friend, you remember?"

Am anderen Ende höre ich erst ein Räuspern, dann ein *"Chai, chai*, okay, yes. When he come?"

"He will arrive on Saturday and would like to take lessons with you starting on Monday."

"Okay, Monday ten o'clock in the morning. No problem."

Schnell kommt der Samstag. Ziemlich nervös warte ich am Flughafen auf die Ankunft von Markus. Auf der Anzeigentafel steht schon seit einer halben Stunde, dass die Maschine gelandet ist und ich renke mir vor Neugier fast den Hals aus, um ihn unter den Passagieren ausfindig zu machen, die aus der Ausgangsschleuse kommen. Schließlich sehe ich die ersten Reisenden mit Gepäckschildern aus Frankfurt an ihren

Koffern und Taschen. Jetzt kann es nicht mehr lange dauern.

Und dann steht er vor mir und ich bin im ersten Moment etwas überrascht. Dass Markus etwas kleiner ist als ich hatte ich gar nicht mehr in Erinnerung. Bei unserer Umarmung überkommt mich ein seltsames Gefühl, eine Mischung aus Vertrautem und Fremdsein, und etwas verlegen stehen wir schließlich voreinander und schauen uns an.

„Warst du schon immer so groß?" fragt Markus, als hätte er meine Gedanken gelesen. „Ich muss zugeben, ich steh ja auf große Frauen! Gut siehst du aus!"

Okay. Ich hatte es offenbar vergessen oder schlichtweg verdrängt, aber so langsam kommt das Bild von früher wieder. Markus ist ein notorischer Frauenversteher und flirtet bei jeder sich bietenden Gelegenheit.

„Und ich hatte ganz vergessen, dass du so ein Charmeur bist", entgegne ich lachend. „Komm, lass uns draußen ein Taxi auftreiben, damit wir aus der Menschenmenge hier rauskommen. Und übrigens: Willkommen in Bangkok, der Stadt der Engel."

Ich gehe voran und bahne Markus, der seine große Sporttasche geschultert hat, einen Weg in Richtung Taxistand, wo wir gleich ein freies Taxi finden.

„Wie war dein Flug?", eröffne ich im Auto ein unverbindliches Gespräch.

Jetzt, wo er dicht neben mir sitzt, kann ich ihn in Ruhe betrachten. Markus hat sich nicht sehr verändert, auch wenn er in den fast zwanzig Jahren, die wir uns nicht gesehen haben, natürlich auch optisch gealtert ist. Die wenigen Haare, die verblieben sind, hat er nahezu komplett wegrasiert, aber der Style passt zu ihm. Er sieht sportlich aus, wenn auch etwas gedrungen.

Sein Hals ist kurz und kräftig und mit seinem Bart wirkt er fast ein bisschen prollig. So mit Glatze und Tattoos an den trainierten Oberarmen könnte man ihn glatt für einen fiesen Türsteher halten. Würden wir uns nicht kennen, hielte ich wohl eher Abstand.

Als schönen Mann konnte man ihn noch nie bezeichnen, auch damals in der Studienzeit nicht, als wir uns kennenlernten und zusammen waren, bis ich das erste Mal ins Ausland ging. Aber sein Charme in Kombination mit den blitzblauen Augen ist nahezu unwiderstehlich, sogar meine sonst immer sehr kritische Mutter hat er damals um den Finger gewickelt, und das will was heißen! Als ich ihr neulich erzählte, dass mich Markus besuchen kommt, war ihr die Begeisterung genauso anzumerken wie die stille Hoffnung, dass sich daraus wieder etwas entwickeln könnte.

„Ach, der Flug war okay, ziemlich lang halt, aber ich konnte einigermaßen schlafen. Jetzt tun mir nur ein bisschen die Knie weh."

Auch Markus mustert mich und wahrscheinlich gehen ihm ganz ähnliche Gedanken durch den Kopf wie mir.

„Wie geht's dir denn so hier? Ist sicher der totale Wahnsinn, in so einer Stadt zu leben. Krass, so viele Hochhäuser. Das hatte ich mir nicht so vorgestellt. Da bin ich ja mal gespannt, was mich hier erwartet."

Markus hat zwar auch schon im Ausland gelebt, vor allem in den USA, aber er war noch nie in Asien.

„Ich lebe gern hier, auch wenn ich es total anstrengend finde. Wie hast du dir Bangkok denn vorgestellt?"

„Eigentlich habe ich keine konkrete Vorstellung. Mit Thailand verbindet man ja eher Strand und so. Von Bangkok weiß ich wenig, vielleicht ist es ein bisschen wie im Film *Hangover*. Irgendwie asiatisch, Straßenszenen mit vielen Menschen und diesen Mopedtaxis oder sowas."

„Tuk Tuks? Ja, davon gibt's schon auch viele in den Straßen. Aber ansonsten ist Bangkok eine moderne Stadt, vor allem aber eine sehr große. Und es gibt wahnsinnig viel Verkehr."

„Ja, das ist sicher spannend. Und? Wie ist der Plan? Was machen wir in den nächsten Tagen?", Markus schaut mich unternehmungslustig an.

„Ja, also du gehst ab Montag vormittags erst einmal zum Thaiboxen und ich ins Büro. Mittags können wir uns zum Essen treffen, mein Büro ist ja nicht weit vom Boxstadion weg. Die Nachmittage hast du zur freien Verfügung, abends können wir wieder was zusammen unternehmen. Heute Abend gehen wir in eines meiner Lieblingsrestaurants, danach kannst du dir aussuchen, ob wir ins Rotlichtmilieu in meiner Nachbarschaft eintauchen, oder eine der hippen Roof Top Bars aufsuchen. Und weil du gerade den Film *Hangover* erwähnst – wenn du möchtest, können wir in den nächsten Tagen auch in diese angesagte Bar gehen, wo ein Teil von James Bond mit Daniel Craig gedreht wurde. Ist allerdings ziemlich schick da."

Wenn ich mir Markus so anschaue, der den Flug in Trainingshosen mit Kapuzenpulli absolviert hat, kann ich mir kaum vorstellen, dass seine Sporttasche gestylte Abendgarderobe verbirgt.

„Ja, und?" springt er gleich entrüstet auf meinen Einwand an. „Meinst du, ich passe da nicht hin, oder was?"

„Na ja, was anderes als Sportklamotten sollte man schon anziehen. Hört sich vielleicht komisch an für dich, aber hier legt man großen Wert auf das Aussehen und die Kleidung. Das ist total anders als im Strandurlaub."

„Ich fasse es nicht!" stöhnt Markus mit gespielter Entrüstung. „Wir sind noch keine halbe Stunde zusammen und schon streiten wir wieder! Das ist ja wie in alten Zeiten. Weißt du noch? Wir haben doch ständig über irgendwas gestritten oder diskutiert."

Ich muss lachen und damit ist das Eis zwischen uns endgültig gebrochen.

„Ach, was, so schlimm war es doch gar nicht. Das waren höchstens spätpubertäre Emanzipationsausbrüche. Jedenfalls von meiner Seite. Ich habe höchstens mit dir gestritten, wenn du zu heftig mit anderen Frauen geflirtet hast. Also eigentlich irgendwie doch ständig."

„Wie bitte? Jetzt hör bloß auf. Ich und mit anderen Frauen flirten! Das stimmt doch gar nicht. Was kann ich denn dafür, dass die Frauen auf mich stehen?"

Und schon haben wir uns im Turboschnellgang in die Vergangenheit zurückkatapultiert, auch wenn unsere Auseinandersetzung nicht wirklich ernst gemeint ist. Die Stimmung ist gut und lachend kommen wir schließlich bei mir zu Hause an. Als wir aus dem Taxi aussteigen und gemeinsam Richtung Wohnhaus gehen, schauen uns die beiden Pförtner neugierig hinterher. Männerbesuch hatte ich bisher selten, und die große Tasche von Markus lässt ja schon darauf schließen, dass er hier mindestens eine Nacht bleibt.

Markus bezieht mein Arbeitszimmer, in dem ein Gästebett steht. Nachdem er sich frisch gemacht hat und wir auf meinem Balkon mit einem eisgekühlten *Soda Manao* den kitschig-schönen Sonnenuntergang hinter den Hochhäusern auf uns haben wirken lassen, machen wir uns auf den Weg zu *Suda*, einem meiner Lieblingsrestaurants. Es ist ein einfaches, aber sehr beliebtes Lokal an einer ruhigen Straßenecke, das an zwei Seiten offen ist. Bei starkem Regen schützen lediglich zwei feste Plastikplanen vor Nässe. Geführt wird das Restaurant von zwei resoluten Schwestern, von denen die Ältere bestimmt schon achtzig Jahre alt ist. Sie führt die Kasse und macht alle Abrechnungen, die jüngere scheucht die jungen Servicekräfte herum. Der offene Gastraum ist vollgestellt mit Kühltruhen und Schränken, hinten ist der Durchgang in die rauchgeschwärzte Küche, in der immer wieder hohe Flammen aus den großen Wokpfannen emporschießen.

Wir belegen zwei Plätze an einem langen Tisch, der vor dem Restaurant auf dem Gehweg steht. Es ist noch recht früh, nachher, so ab acht Uhr, wird jeder Platz belegt sein. Suda ist bei Ausländern beliebt, vor allem Japaner und Koreaner kommen häufig in Gruppen. Auf den ersten Blick wirkt das Lokal etwas schmuddelig, Stühle und Tische sind abgewetzt, die Sitzpolster an manchen Stellen aufgeplatzt und man isst mit Alubesteck von Plastiktellern. Aber das Essen ist sehr lecker und dabei günstig. Die junge Bedienung erkennt mich, lächelnd bringt sie die Karte.

„Ich bestelle uns schon mal Getränke. Teilen wir uns ein großes Bier? Und vielleicht noch Wasser dazu?"

Markus nickt und vertieft sich in die Speisekarte.

„Was kannst du empfehlen?" fragt er. „Ich würde gern Fisch und Gemüse essen. Proteine, weißt du, gut für's Training."

„Es ist kein ausgesprochenes Seafood-Restaurant, aber sie haben ein Gericht mit frittiertem Fisch und Knoblauchsoße, das ist total lecker. Außerdem kann ich Morning Glory empfehlen, das ist Gemüse, so lange grüne Stränge. Schwer zu beschreiben, wie es schmeckt, probier es einfach. Und dann vielleicht noch Hähnchen in Pandanusblättern. Oder *Som Tam Thai*, den klassischen Thai-Salat mit grüner Papaya. Allerdings ist der ziemlich scharf."

Markus schmeckt die Auswahl und entspannt plaudern wir beim Essen über unsere Leben, die Familie und Erlebnisse. Auch er hat ein paar Jahre Ehe hinter sich, aber nach einigen Krisen ist er aus der gemeinsamen Wohnung ausgezogen und sortiert sein Leben gerade neu. Die Stimmung zwischen uns ist vertraut und unangestrengt.

„Und, was machen wir jetzt noch?" Markus ist nach dem Essen ziemlich aufgedreht und unternehmungslustig.

„Lass mich überlegen. Heute ist Samstag, sicher läuft was im Rock Pub. Hast du Lust auf Livemusik? Auf Jazz stehst du ja nicht so unbedingt, wenn ich mich richtig erinnere. Sonst wäre der Saxophone Pub die richtige Adresse."

Bangkok hat einige coole Musikkneipen, in denen täglich live gespielt wird. Fans von Hardrock oder Metal finden im Rock Pub ihre Heimat, nicht zu verwechseln mit dem touristischen, aber eher langweiligen Hardrock Café. Blues und Jazz läuft im Saxophone Pub.

„Ja, klar, lass uns losziehen. Wie kommen wir dahin?"

„Wir nehmen die Hochbahn. Der Rock Pub liegt direkt an der Station Ratchathewi. Total easy."

Keine halbe Stunde später stehen wir vor dem Eingang, der wie eine Filmkulisse als mittelalterliche

Burg gestaltet ist. Drinnen wummert laute Musik. In der schummrigen Kneipe ist noch nicht viel los, was die Band auf der Bühne aber nicht davon abhält, den Gästen ordentlich einzuheizen. Es ist so laut, dass wir uns nur schreiend unterhalten können. Zwei Tische weiter feiert eine Gruppe skandinavischer junger Männer, mit ihren langen Haaren und wirren Vollbärten sehen sie aus wie direkte Nachfahren der Wikinger. Auf ihrem Tisch steht ein *beer tower*, eine Biersäule, die innen mit Eis gefüllt ist und aus der sich alle am Tisch immer wieder gekühltes Bier zapfen. Die Stimmung ist gut und die Musik macht Laune. Aber weil es wirklich extrem laut ist, gehen wir nach zwei, drei heftigen Metalsongs der zweiten Band wieder, ziemlich betäubt.

„Wollen wir noch einen Absacker auf dem Heimweg nehmen?" Seit ich in Bangkok lebe war ich selten so in Feierlaune.

„Klar, ich bin noch fit. Und morgen können wir ja ausschlafen, oder?"

Wir gehen in eine der Bars, die am Anfang der Soi Nana aufgereiht nebeneinander liegen. Die Bar hat zur offenen Straßenseite hin eine Theke, an der wir nebeneinander Platz nehmen. Wir haben freien Blick auf den Gehweg unter uns und können die vorbeilaufenden Rotlichttouristen und immer wieder auch *Kathoey* beobachten. Markus ist total fasziniert.

„Einfach unglaublich! So was hab ich noch nicht gesehen. Stell dir mal vor, du schleppst im Suff so einen ab und stellst dann erst im Hotel fest, was da zwischen den Beinen los ist. Aber unfassbar, wie gut die gemacht sind! Und du wohnst hier mittendrin. Ist das nicht ein bisschen seltsam?"

„Na ja, ich kriege das Nachtleben hier ja nicht ständig mit. Hinten in der Straße, wo ich wohne, ist es ruhig. Und wenn ich morgens zur Arbeit gehe, ist hier kaum was los, da wird in den Kneipen geputzt. Ich mag es eigentlich, dass hier Leben ist. Ich würde mich in einer total abgelegenen Ecke viel unsicherer fühlen als hier."

„Da hast du auch wieder Recht. Komm, langsam werde ich doch müde, der Jetlag haut voll rein. Lass uns gehen."

Wir schlendern die Straße runter, vorbei an Menschen, Bars und mobilen Essständen, die sich zu später Stunde auf dem Gehweg ausgebreitet haben. Müde kommen wir schließlich in meiner Wohnung an, wo wir uns beide sehr bald zum Schlafen zurückziehen.

Wir starten spät in den Sonntag, schlafen aus und gönnen uns gegen Mittag ein opulentes Frühstück im Crèpes & Co, einem angesagten Café in der luxuriösen Nachbarschaft der Soi Langsuan. Von dort aus gehen wir zu Fuß in den nahen Lumphini Park, denn Markus will dort ab morgen auf der Joggingstrecke laufen. Sonntags ist der Park sehr voll, aber trotzdem geht es gemütlich zu. Ich zeige ihm den kleinen Pavillon, in dem man sich umziehen und nach dem Laufen auch duschen kann. Anschließend laufen wir am Boxstadion vorbei bis zur U-Bahn-Station Klongtoey, damit er sich morgen zurechtfindet.

„Eigentlich ist alles ganz überschaubar und nah beieinander. Wenn du dich verläufst, fragst du einfach nach dem Lumphini Stadion oder nach der U-Bahn-Station, von dort aus findest du dann schon deinen Weg."

„Mach dir mal um mich keine Sorgen. Ich bin schon an ganz anderen Orten klargekommen.", lacht Markus.

Er hat natürlich Recht, um ihn brauche ich mir wirklich keine Gedanken zu machen. Aber wahrscheinlich bringt das mein Job so mit sich, dass ich mich permanent verantwortlich fühle und für andere mitdenke.

„Meine Mobilnummer hast du ja zur Not auch noch."

Wir nehmen die U-Bahn, Markus will bei mir im Haus noch eine Runde im Fitnessraum trainieren, bevor wir den Sonntag in der Moon Bar auf der Dachterrasse des Banyan Tree Hotels beschließen. Es ist eine der ältesten Sky Bars in Bangkok, die weltweit immer wieder unter den besten Roof Top Bars gelistet ist. Markus hat sich mit einer weißen Leinenhose ziemlich in Schale geworfen. Die Bar hat einen Dresscode, der den Zutritt für Sandalen- und Shortsträger verweigert. Wir nehmen den Aufzug in die sechzigste Etage, von dort führt eine schmale Treppe in den Außenbereich der Bar hinauf. Kaum treten wir aus dem engen Treppenhaus nach draußen, spüren wir den warmen Höhenwind.

„Wow, was für ein geiler Ausblick!"

Markus geht dicht an das niedrige Geländer heran, unter ihm breitet sich die Stadt im Abendglanz bis zum weit entfernten Horizont aus. Wir sind so hoch, dass man das Gefühl hat, die Wolken berühren zu können. Selbst die Hochhäuser in der Nachbarschaft wirken von hier oben klein und niedlich. Einen Moment stehen wir still nebeneinander, völlig absorbiert von dem Bilderbuchpanorama. Plötzlich dreht sich Markus zu mir, nimmt mich fest in die Arme und küsst mich auf den Mund. Nicht flüchtig, sondern mit einem entschlossenen, neugierigen Kuss, ausgesandt als Vorbote und Kundschafter. Ich lasse mich darauf ein, wenn auch etwas zögerlich, doch bevor wir den Kuss vertiefen, ziehe ich zurück.

„Das ist jetzt schon ein bisschen kitschig, meinst du nicht?" erwidere ich seinen Blick, der meine Gedanken zu ergründen sucht.

„Ich finde, es ist der perfekte Moment. Ein atemberaubender Ausblick auf eine tolle Stadt mit einer schönen Frau. Es könnte nicht besser sein. Genau jetzt fühlt es sich richtig an. Meinst du nicht?"

Ich nehme seinen Blick auf und halte ihm stand, einen langen Moment versenken wir uns und steigen ein paar Stufen in den Seelenabgrund des anderen hinab. Schließlich gebe ich mit einem leichten Nicken meine Zustimmung. Ja, es stimmt, es ist ein absolut romantischer Moment und vielleicht kann ich wirklich diesen kleinen Schalter in meinem Kopf einmal umlegen und in den Genussmodus umschalten.

„Du hast Recht. Lass es uns genießen."

Wir setzen uns an die Bar und bestellen zwei Gin Tonic. Markus sitzt dicht neben mir und legt seine Hand auf meinen Oberschenkel.

„Ist das okay?"

Seine Berührung und die Nähe fühlen sich gut an.

„Ja, aber sehr ungewohnt." Nachdenklich drehe ich das Glas in meinen Händen.

„Hör zu", sage ich schließlich, „egal, was jetzt in den zwei Wochen zwischen uns läuft, ich will nicht, dass sich irgendjemand von uns zu etwas verpflichtet fühlt. Lass uns das ganz locker angehen, okay?"

„Du warst schon immer eine taffe Frau. Und das hat sich nicht geändert. Ich finde das sehr attraktiv."

Es fühlt sich richtig an. Und ehrlich gesagt, tut mir ein bisschen emotionale Aufregung einfach gut. Einen Geeigneteren als Markus kann es zudem kaum geben. Ich vertraue ihm, wir verstehen uns und, ganz wichtig, er ist nicht der Typ Mann, dem eine Affäre ohne tiefere Absicht das Herz bricht. Also, auf ins Abenteuer!

Die kommenden Tage erlebe ich Bangkok ganz neu. Oder die Stadt mich, je nachdem, von welcher Perspektive man es betrachtet. Markus und ich machen in den gemeinsamen Stunden all die Sachen, die man als Paar so anstellt, inklusive einer rasanten nächtlichen Tuk-Tuk-Fahrt durch die Straßen der Altstadt und einer abendlichen Dinner Cruise auf dem Fluss, vorbei an den stimmungsvoll beleuchteten Sehenswürdigkeiten am Ufer. Als Highlight erwartet uns am Abend vor unserer Reise nach Koh Samed eine romantische Massage für zwei in einem luxuriösen Spa. Erst verwöhnen uns zwei Masseurinnen synchron mit einer Heißen-Stein-Massage, danach dürfen wir in einem großen Jacuzzi im sprudelnden Bad mit Rosenblättern albern herumplanschen, während sich die beiden Masseurinnen diskret zurückziehen. Anstatt Champagner genießen wir einen erfrischenden Gesundheitsdrink mit Pandanussaft.

Markus hat in den vergangenen Tagen intensiv mit Pat trainiert und ist total begeistert.

„Weißt du, Caro, was ich überlege?"

Wir kuscheln gemütlich im warmen Wasser, Markus hat seinen Arm um mich gelegt.

„Das mit dem Boxtraining, das ist richtig super. Da kann man was draus machen."

Markus ist ein kreativer Kopf, vor allem wenn es ums Geschäft geht. Ich kenne das noch von früher. Gute Ideen hatte er immer reichlich, nur fehlte bei ihm der Wille, Dinge dann auch konsequent weiterzuverfolgen.

„Was hast du jetzt wieder für eine Idee?", frage ich daher.

„Na ja, man könnte das super als Angebot für Manager verkaufen. Luxusaufenthalt in Bangkok mit allem Schnickschnack und hartem Trainingsprogramm. Das ist *die* Idee."

„Mmhh", brumme ich, nur halb überzeugt, und fische dabei ein großes Rosenblatt aus dem Wasser. „Inklusive Rotlichtmilieu und betreute Kathoey-Touren. Du kannst in den nächsten Tagen ja mal einen Businessplan ausarbeiten. Da haben wir genug Zeit und Muße und bestimmt nichts Besseres zu tun."

„Du bist doof!" Markus spritzt mir lachend Wasser ins Gesicht.

„Du, weißt du was?" Abrupt drehe ich mich um und lege mich auf seinen Bauch. „Ich freue mich riesig auf den Urlaub!"

Nach seiner letzten Trainingsstunde holt mich Markus am nächsten Tag im Büro ab. Ploy hat uns einen Fahrer mit Auto organisiert, der uns nach Rayong fahren wird, von wo die Boote nach Koh Samed ablegen. Die Autofahrt geht dieses Mal an der Ostküste am Golf von Thailand entlang, vorbei an Pattaya in Richtung Süden. Nach gut zwei Stunden sind wir da und finden schnell das Fährterminal für das Schnellboot, das uns zur Insel übersetzen wird. Der Warteraum ist klimatisiert, exklusiv und geschmackvoll eingerichtet, zur Begrüßung reicht man uns Champagner. Auch werden wir gebeten, uns den Duft auszusuchen, den wir als Raumparfüm für unseren Bungalow wünschen. Hatte ich überhaupt schon erwähnt, dass wir in einem Luxushotel logieren werden?

Die Entscheidung war schon vor Wochen gefallen, als noch gar nicht klar war, wie sich die Dinge hier vor Ort zwischen uns entwickeln würden. Jetzt sind wir natürlich extrem gespannt, was uns in dem Fünf-Sterne-Resort erwartet. Die Überfahrt mit dem Schnellboot ist kurz und feucht und macht Spaß! Wir ankern direkt am Privatstrand des Resorts, wo wir im knietiefen Wasser an Land waten. Die Bungalows liegen an einer engen Stelle im Süden der Insel zwischen zwei Stränden, morgens kann man bei Sonnenaufgang auf der Ostseite baden, abends auf der Westseite in der Bar am Felsstrand den Sonnenuntergang genießen. Unser geräumiger Bungalow hat eine riesige Terrasse mit eigenem Whirlpool, das große Bett ist malerisch mit einem dichten Moskitonetz dekoriert und durch das große Panoramafenster sieht man vom Bett aus direkt auf das blaue Meer. Und tatsächlich duftet es in unserem Zimmer wie bestellt erfrischend nach Zitronengras.

„Es ist toll! Vielleicht ein bisschen dekadent, aber ich finde es total schön hier!"

Meine Begeisterung steigert sich noch, als Markus mich in den Arm nimmt.

„Legen wir erst eine kleine Pause ein, bevor wir an den Strand gehen?" frage ich verschmitzt.

Markus zeigt ein feines Lächeln.

„Das ist sowas von eine gute Idee!"

Das Bad im flachen Wasser fühlt sich gut an, allerdings wenig erfrischend, denn das Wasser ist warm wie in der Badewanne. Träge lassen wir uns treiben, der blütenweiße, feine Sandstrand ist bis auf zwei weitere Paare total leer. Als wir aus dem Wasser kommen und unsere Liegen aufsuchen, kommt sofort ein diensteifriger Kellner angelaufen. Das Servicepersonal lauert hier buchstäblich hinter jeder Ecke.

"Excuse me, you want something to drink?"

Fragend schaue ich Markus an.

„Lass uns doch gleich in die Bar gehen und den Sonnenuntergang anschauen. Dort können wir ganz entspannt etwas trinken."

Also wechseln wir die Kleidung und laufen durch die gepflegte Anlage die kurze Strecke bis auf die andere Seite der Insel, wo das Meer träge an die Felsen plätschert. Wir bekommen einen Tisch ganz vorne und genießen das Farbenspiel der untergehenden Sonne.

„Das fühlt sich gerade absolut richtig an", prostet mir Markus mit seinem Cocktail zu.

Zum Abendessen wechseln wir ins Restaurant, wo die Gerichte appetitlich dekoriert und angerichtet sind, aber nicht besser schmecken als das Essen bei Suda. Dafür ist es allerdings dreimal so teuer. Nach dem Essen will Markus kurz nach Deutschland telefonieren. Da wir in unserem Bungalow keinen Empfang haben, läuft er mit seinem Mobiltelefon am Ohr im Park hin und her, während ich mich schon auf den Weg zurück in unseren Bungalow mache. Als ich an unserem Nachbarhaus vorbeikomme, sehe ich auf der Treppe einen langen, dunklen Schatten. Sicher ein dicker Ast, denke ich im ersten Moment, aber als ich näher komme, erkenne ich einen etwa zwei Meter langen Python. Eine Würgeschlange, hier mitten in unserer Anlage! Nach dem ersten Schreck bin ich hin und her gerissen, ob ich zur Rezeption laufen soll oder doch lieber die Kamera hole. Ich entscheide mich für die zweite Option und laufe schnell zu unserem Haus hinüber, wühle die Kamera aus meinen Sachen und gehe eilig zurück. Aber die Schlange hat wohl gemerkt, dass sie entdeckt wurde und ist weg. Weder kann ich sie im dichten Gestrüpp der Pflanzen noch in den Baumkronen entdecken, sie ist wie vom Erdboden verschluckt.

Markus kommt den Weg hochgeschlendert und sieht, wie ich vorsichtig zwischen den dichten Blättern der Pflanzen herumsuche.

„Hast du was verloren?", ruft er mir schon aus einiger Entfernung entgegen.

„Du wirst es kaum glauben, hier lag vor fünf Minuten noch ein großer Python. Aber bis ich meine Kamera geholt hatte, hat er sich schon wieder aus dem Staub gemacht."

„Echt jetzt? Oder hast du nicht vielleicht zu viel getrunken?"

„Nein, echt, ohne Scheiß! Da lag eine Riesenschlange auf der Treppe."

Wir suchen noch ein paar Minuten gemeinsam, leider vergeblich. Von der Schlange keine Spur mehr.

„Das ist schon etwas unheimlich", bemerke ich, als Markus die Tür zu unserer Bungalowanlage aufmacht.

„Wenn die jetzt bei uns hier irgendwo rumschlängelt. Lass uns mal lieber schnell reingehen."

Vorsorglich spähe ich in die Ecken und dunklen Winkel um das Haus herum, das auf Pfählen steht und viele geeignete Verstecke bietet.

Am nächsten Morgen werde ich von einem lauten Klopfen geweckt. Es ist noch dämmrig draußen, also muss es gegen sechs Uhr sein. Mein erster Gedanke ist, dass jemand an der Tür ist, und verschlafen rufe ich „Sakru na kha", einen Moment bitte. Doch das Klopfen lässt nicht nach und schließlich kapiere ich, dass es nicht von der Tür kommt, sondern dass jemand am großen Panoramafenster Aufmerksamkeit möchte.

Tock, tock, tock! In der oberen linken Ecke sehe ich einen Tukan im Baum sitzen, der mit seinem großen, schwarzgelben Schnabel gegen die Scheibe hämmert. In den Pausen äugt er neugierig durch das Glas, als würde er prüfen, ob er Gehör gefunden hat. Vielleicht hat ihn vor unserer Ankunft ein Gast angefüttert, und jetzt verlangt er seine Morgengabe. Möglichst sanft rüttle ich Markus wach.

„Markus! Wach auf!"

„Mmmhh. Was ist denn?"

„Schau mal, wir haben Besuch."

„Soll später wiederkommen, ich will schlafen!"

„Nein, nachher ist er weg. Kuck doch mal."

Markus dreht sich unwillig auf die andere Seite, macht aber keine Anstalten, die Augen zu öffnen.

„Jetzt schau halt mal kurz, danach kannst du ja weiterschlafen."

„Boah, du Nervensäge! Was ist denn? Schon wieder ne Schlange, oder was?"

Mehr als unwillig öffnet er schließlich die Augen und setzt sich im Bett auf.

„Schau mal ans Fenster, da oben. Der klopft schon eine ganze Weile."

„Toll. Ein Vogel. Ja, sehr schön, aber jetzt schlaf ich wieder. Und weck mich bitte nicht vor neun Uhr."

Okay. Meine Begeisterung für Tiere und Natur muss ja nicht jeder teilen. Vorsichtig steige ich aus dem Bett, setze mich in einen Sessel am Fenster und beobachte den exotischen Gast, bis dieser einsieht, dass hier kein Frühstück zu holen ist.

Mit einem Motorroller düsen wir die kleine Insel täglich rauf und runter. Die Tage vergehen schnell, und, für uns beide überraschend, auch ziemlich harmonisch. Dafür, dass ich jetzt schon ein Jahr lang mein Leben hier ganz gut alleine hinbekomme, habe ich die Zweisamkeit erstaunlicherweise sehr genossen. Aber will ich, dass es weitergeht? Oder war es nur ein Urlaubsflirt, eine Abwechslung vom unabhängigen Singledasein? Wie will ich mein Leben führen?

Wir reden darüber und kommen überein, dass wir jetzt keine Entscheidung treffen und es erst einmal offen lassen wollen. Markus hat noch ein paar Urlaubstage zur Verfügung und plant, in zwei, drei Monaten noch einmal herzukommen. Und an Weihnachten werde ich zwei Wochen nach Deutschland reisen. Dann sehen wir weiter.

Am Ende der zwei Wochen verabschieden wir uns am Flughafen voneinander mit dem Gefühl, dass da jemand ist, mit dem man das Leben genießen kann. Erst einmal ohne Verpflichtungen. Und ohne Reue. Ich habe gelernt, mir nicht so viele Gedanken um die Zukunft zu machen. Das Leben ist nicht planbar und geradlinig, jedenfalls nicht für mich. So, wie ich mich auf das Abenteuer Bangkok eingelassen habe, so lasse ich mich auch auf andere Situationen und neue Möglichkeiten ein, ohne eine Garantie zu haben, dass es funktionieren wird. Ich möchte neugierig und offen für Neues bleiben.

Mit diesen Gedanken fahre ich im Taxi vom Flughafen zurück in die Stadt, die mir bei aller Nähe im Alltag auch immer fremd und exotisch bleiben wird. Auch auf sie habe ich mich eingelassen, als ich vor einem Jahr zurückkehrte. Sie ist keine Schönheit, auch wenn sie mit ihrem nächtlichen Funkeln und Glitzern in diesem Moment mal wieder verführerisch lockt. Bangkok stellt mich immer wieder vor neue Herausforderungen, und das sind gute Voraussetzungen für eine weiterhin spannende Beziehung.

Mein Dank

Dieses Buch wäre nicht entstanden ohne die Unterstützung und den Zuspruch meiner Familie und meiner Freunde, die mich immer wieder bestärkt und ermutigt haben, das Projekt weiterzuverfolgen. Vielen Dank für eure Unterstützung und zahlreichen Anregungen!

Die beschriebenen Episoden und Geschichten habe ich tatsächlich erlebt, aber um die Persönlichkeitsrechte der Beteiligten zu wahren, habe ich Namen, Orte und Gegebenheiten verändert, außer bei Personen des öffentlichen Lebens.

Insgesamt habe ich fünf Jahre in Thailand gelebt. Diese Zeit hat mich sehr geprägt und ich bin froh, dass ich mich auf das Abenteuer Bangkok eingelassen habe.

Mein Dank geht auch an meine Kolleginnen und Kollegen, Studentinnen und Studenten der Chulalongkorn Universität, ganz besonders an Ampha, die *Grande Dame* der Germanistik in Thailand, und Nui. Ich habe viel von euch gelernt und die Zeit sehr genossen, auch wenn es oft viele und lange Arbeitsstunden waren.

Auf ein Wiedersehen in Bangkok!